Bibliografische Information der Deutschen Nationalbibliothek:

Die Deutsche Nationalbibliothek verzeichnet diese Publikation in der Deutschen Nationalbibliografie; detaillierte bibliografische Daten sind im Internet über http://dnb.d-nb.de abrufbar.

Impressum:

Copyright © 2013 ScienceFactory

Ein Imprint der GRIN Verlags GmbH

Druck und Bindung: Books on Demand GmbH, Norderstedt, Germany

Coverbild: Hamlet:Pedro Américo - Macbeth: Johann Heinrich Füssli -

Othello:von Alexandre-Marie Colin (1798-1875)

(http://www.barbarapaul.com/shake/othello.html) -

Romeo und Julia:Frank Dicksee -

Shakespeare:By In Helmolt, H.F., ed. History of the World. New York: Dodd, Mead and Company, 1902. Author unknown, but the portrait has several centuries [Public domain or Public domain], via Wikimedia Commons

William Shakespeares dramatisches Werk

Analyse der wichtigsten Werke

Shakespeare's Historical Background and the World Picture of the Elizabethan Age 9

- Introduction 11
- The Tudor Dynasty before Elizabeth I or "Let us sit down and tell sad stories of dead kings" 11
- The Elizabethan Age 13
- James I 15
- Merry England 16
- Golden Age in a Nutshell 17
- The Elizabethan World Picture 18
- The Human Being 27
- The Body Politic 29
- The Meaning of Sin 30
- World Picture: Conclusion 31
- And the rest is silence 33
- List of Works Cited 34

Zum Verhältnis tragischer und komischer Aspekte in William Shakespeares „Romeo and Juliet" 35

- Einleitung 37
- Die Tradition des Komischen 38
- Analyse der komischen Aspekte in Shakespeares „Romeo and Juliet" 39
- Die Tradition des Tragischen 44
- Analyse der tragischen Elemente in Shakespeares „Romeo and Juliet" 46
- Fazit 51
- Literaturverzeichnis 54

Love Concepts in William Shakespeare's *A Midsummer Night's Dream* 57

- Introduction 59
- Love in Elizabethan Literature and Society 60
- Shakespeare's Depiction of Marriage and Love in his Romantic Comedies 63
- Representations of Love and Marriage in A Midsummer Night's Dream 66
- Conclusion 72
- Works Cited 73

William Shakespeare Macbeth – Historische Fakten und Hintergründe 75

Einleitung 77

Geschichte Schottlands im 11. Jahrhundert und Beziehungen zum Drama 77

Shakespeares dramatis personae und die Realpersonen 80

Motive der Darstellung 84

Schlussbetrachtung 86

Literaturverzeichnis: 87

„Determined to prove a villain" – Zur Charakterisierung der Hauptfigur in Shakespeares Historie Richard III. 89

Einleitung 91

Zur Persönlichkeitsstruktur Richards 92

Richards Rollenspiel 96

Die Rolle der übrigen Figuren und ihr Beitrag zu Richards Entwicklung als „Villain" 100

Richards sukzessiver Verlust an Macht und Souveränität 104

Schluss 106

Literaturverzeichnis 108

Zur Funktion des Märchenhaften und seiner Entzauberung in Shakespeares Drama „The Merchant of Venice" 111

Einleitung 113

Märchen und *Romance* – Definitionen und Merkmale 114

Elemente des Märchenhaften in *The Merchant of Venice* 117

Summary and Conclusion 127

Literaturverzeichnis 129

King Lear – Sympathielenkung und Schuldfrage in Shakespeares King Lear 131

Einleitung 133

Sympathielenkung in Dramen nach Manfred Pfister 134

Textanalyse 136

Resümee 149

Literaturverzeichnis 151

„The Time is out of Joint" –Neues Weltbild, neues Selbstbild in William Shakespeares „Hamlet" **153**
    Einleitung 155
    Das 16. Jahrhundert – Treffpunkt zweier Welten ? 156
    Hamlet – Ein Opfer seiner Zeit 167
    Rachetragödie ohne Rache ? 175
    Literaturverzeichnis 177

Multiple Iago – The Character and Motives of Iago in Shakespeare's *Othello* **179**
    Introduction 181
    The temptation scene – Iago's techniques of infiltration 183
    "Honest" in *Othello* 186
    Conclusion 191
    Bibliography 192

Shakespeare's Historical Background and the World Picture of the Elizabethan Age

Christian Schwab, 2005

Introduction

William Shakespeare may never have existed – or at least that is the point some scholars are trying to make. This paper is going to follow the opinion of the vast majority of literary experts and assume that Shakespeare did, in fact, exist. But mere existence is never enough. "No man is an island, entire of itself," as John Donne liked to put it. The environment you live in and the surroundings that influence and inspire you are utterly significant. Future historians ourselves, we were taught that the present is a time span that doesn't even last three seconds. After that, it's the past. But the past is not the same as "history" itself. History is what historiographers have managed to reconstruct of the past, using archaeological, philological, literary, and other sources. As we are happy enough to know a lot about Shakespeare's times, it would be foolhardy and arrogant to ignore this knowledge and focus on the plays themselves, letting the circumstances that they were written in slip out of our range of view.

It may be taken for granted that Shakespeare was indeed influenced by his historical environment, but nobody can say for sure to what extent. What if Shakespeare had lived in ancient Roman times or in the Cold War period? Would he have written different plays? To decide to what extent he was influenced is the task of those scholars who actually do research on the plays.

This paper, however, will focus on the actual socio-political, economic, and religious background of Sir William Shakespeare, particularly on the rule of Elizabeth I and James I and on the Elizabethan World Picture with its various manifestations in the English state during Shakespeare's lifetime.

The Tudor Dynasty before Elizabeth I or "Let us sit down and tell sad stories of dead kings"

The Tudor era began with a significant event: on August 8, 1485, the troops of King Richard III of the House of York were defeated by the army of Henry Tudor, the Earl of Richmond, who had returned from his exile in France, in the vicinity of the small town of Bosworth, Leicestershire County. For nearly all of the 15th century, the two clans of England's higher nobility had been struggling for power. Violence, counter-violence, conspiracy and maneuvering had encompassed the kingdom after Henry Bolingbroke (who would later become Henry IV) had driven Richard II off the throne in 1399. During the last years of the struggle that became known as "The Wars of the Roses," the York family started to fight among themselves.

Since the royal court had always been involved in these wars, the conflict consumed a huge part of the national resources, created general instability and, as changing partisanship and political maneuvering became the order of the day, prompted a decline in moral standards.[1]

Not only do the five Tudor monarchs who reigned from 1485 till 1603 form a single genealogical line, they're also a real family with Elizabeth's life span covering about two thirds of that era.[2]

Henry VII

Henry VII marks the beginning of the Tudor dynasty. Having ended the Wars of the Roses and defeated the York family and Richard III at the Battle of Bosworth Field, he immediately and single-mindedly set about to consolidate power in the crown.[3]

Henry VIII

Henry VIII separated the English church from Roman jurisdiction and founded a national church.[4] As religion and politics were virtually inseparable in the 16th century, the ecclesiastical reforms initiated by Henry VIII had a huge impact on the political landscape.[5] When he assumed the leadership of the English church, he had powers that no other king of England had ever possessed. Henry VIII also closed the monasteries and gave their land to the aristocracy. This course of action naturally ensured that the nobility would support his cause.[6]

---

1 Ulrich Suerbaum, Das elisabethanische Zeitalter, Stuttgart: Reclam (1989), 38-40.
2 Suerbaum, 29.
3 Russ McDonald, The Bedford Companion to Shakespeare: An Introduction with Documents, Boston: Bedford (2001), 303.
4 Ina Schabert, Shakespeare-Handbuch: die Zeit, der Mensch, das Werk, die Nachwelt, Stuttgart: Kröner (1978), 4.
5 Bedford Companion, 315.
6 Kenneth Muir, A new companion to Shakespeare studies, Cambridge: CUP (1980), 169.

Edward VI

Not much needs to be said about Edward VI, since he died at the tender age of sixteen. He founded some Grammar Schools[7] and shifted from Henry VIII's Anglicanism to radical Protestantism.[8]

Mary I

Mary Tudor swiftly reversed the ecclesiastical reforms brought about by Henry VIII and Edward VI and reinstituted Catholicism as the state religion, thus bringing the nation to the brink of civil war. Mary had hundreds of Protestant activists and alleged heretics executed, thus gaining the charming nickname "Bloody Mary."[9]

The Elizabethan Age

On November 17, 1558, a messenger informed Elizabeth that she had been made queen after the death of her unpopular half-sister. Obviously, the aristocracy was desperate to find a new monarch since Parliament had declared her to be an illegitimate child of Henry VIII when she was three years old. This status was never lifted, but Parliament decided that she was third in the line of succession after Edward and Mary. In 1554, Elizabeth was accused of participating in Wyatt's Rebellion and was thrown into the Tower of London until she was subsequently pardoned by Mary. Shortly before her death, Mary is said to have recognized Elizabeth as her successor.

Extensively educated, Elizabeth was fluent in French, Italian, Latin, and Greek. Upon her enthronement she is said to have personified all the magic of flourishing femininity. She selected men of lower birth to be her advisors, as the old nobility used to be Catholic. The most prominent figure among her staff was William Cecil, a brilliant man of political shrewdness as well as diligence and carefulness. As she was a devout believer in absolutism, Elizabeth did not tolerate criticism. But the people preferred her wise autocracy to the raging madness of the struggling parties of the Wars of the Roses. Her motto became

---

7 Suerbaum, 32.
8 New Companion, 170.
9 Bedford Companion, 315.

video et taceo (observe and remain silent). Her policy was indeed characterized by hesitation, as she used her virginity as a means of playing with different foreign rulers to gain advantages for her country. Elizabeth was very vain and had alarming manners: She used to hug her courtiers and foreign ambassadors, and there exists today even a rumor that, after he had spent seven years in exile as a punishment for farting in the presence of the queen, when Edward de Vere returned to court, she said to him something to the effect that she had already forgotten about the fart.

Elizabeth had the habits of cursing, of laughing loudly, of dancing, gambling, and hunting, and she loved masques and drama. Her power did not consist in logic, but rather in feminine intuition and in being a good observer. She was a role model of vitality, but not of virtue. Elizabeth reintroduced religious reformation to England, but she also represented the Renaissance. Sharing the Machiavellian belief in a more or less unscrupulous leader, she recognized the need for some religion in order to ensure social stability although she personally despised theological dogmas. The queen demanded outer conformity in order to protect the national unity: everybody was allowed to believe what he or she wanted to believe, as long as he or she obeyed the law.[10]

By skillfully taking advantage of the conflicts between Spain and France, Elizabeth managed to ward off these outer menaces and gain a period of ten years for England to consolidate politically and economically. The victory over the Spanish Armada in 1588 secured England's position as a leading Protestant power and the first naval power of the world.[11]

A certain dark atmosphere obscured England during the last years of her rule. The people ceased loving her. They felt that she had outlived herself. Her health was deteriorating and Parliament vehemently resisted her attempts to violate parliamentary freedom. Since she hesitated to settle the problem of her succession, Robert Cecil and others secretly entered into clandestine negotiations with James VI of Scotland. Elizabeth died on March 24, 1603.[12]

Elizabeth was a symbolic figure. One school of thought has come near to canonizing Elizabeth. According to their view, she was bright, independent, cautious, and able to distinguish the essential from the temporary. She was also

---

10 Durant, 311-354.
11 Shakespeare-Handbuch, 6-7.
12 Durant, 311-354.

circumspect by nature and experience, her prudence deriving from an enormous sense of royal responsibility. She used apparent indecision strategically, to purchase time and to gain advantage from delay. Her negotiation of a via media (a middle way) between Catholics and Protestant reformers was a brilliant act of diplomacy. The disappointments and crises of her reign – the execution of the Scottish queen, the military conflicts in France and the Netherlands, the fierce monetary inflation at the end of the century – all these were probably inevitable, not her fault.

The negative complement of this hagiographic approach is the approach that claims the queen was capricious, bull-headed, vacillating, and out of touch with reality. Her uncertainty was a function of monstrous personal vanity, which exaggerated her fear of making a mistake. Her unwillingness to make decisions disabled any attempt at consistent policy; the disappointments and crises of her reign – diplomatic, military, and economic – were all her fault.[13]

James I

James VI of Scotland was crowned on July 29, 1567, when he was only thirteen years old. He received a humanistic education, too much instruction in theology and too little in morality, and became the most educated drunkard in Europe. He promised to defend Protestantism. His manners were very brusque, his walking was clumsy, his voice was shrill, his talking was a blend of coarseness and pedantry, but it is said to have at least included some wisdom. A phlegmatic ruler, James liked to rest on Elizabeth's laurels. He was priggish and generous, shy yet insidious, superstitious, educated, and believed in demons – foolish in some ways and wise in others. Not only did James I demand the entire political power that Henry VIII and Elizabeth had had over their intimidated underlings, but he also claimed a divine and absolutist position.

No one has ever described James I as brilliant. It has become permissible and even customary to think of the first Stuart king as a fool. This extreme characterization is probably a result of the gap between his conception of his own talents and achievements and the judgment that history has rendered. His efforts constituted a kind of showboating; in reality James was an indolent, self-

---

13 Bedford Companion, 308-309.

satisfied man who preferred to spend the day hunting rather than wrangling over the quotidian details of national policy.[14]

Merry England

In 1581, England's population was roughly five million. Prices were growing about five times faster than wages. As the living conditions for laborers and craftsmen deteriorated, slums sprang up at the margins of London. Domestic trade was superseded by overseas trading companies such as the East India Company. London became one of the most flourishing economic centers in the world. The economic structure of England was changed profoundly by the discovery and colonization of the American continent. As for economic importance, the Mediterranean was replaced by the Atlantic Ocean. Instead of a marginal position in the geography of the economic world, England now held a very favorable central position.

The social system remained intact, but the lively interaction between the classes prevented the sterile shutting-off of individual classes.

The existence of a broad and wealthy middle class prevented the emergence of a deep gap between the aristocracy and the poor common people. All the driving forces of this exciting age merge into the „Elizabethan ecstasy." Conquest, discovery, the wealth of the middle class, theological debates, wide-spread interest in literature and theater, the lasting peace, and the victory over Spain were the seeds that produced Shakespeare.[15]

England being threatened by the Catholic nations in Continental Europe created a wave of patriotism.[16] However, rising unemployment and taxes, the war against Spain, and Irish rebels created a situation that sparked criticism of the government and society.[17]

The main function of Parliament was not to make policy, but to discuss it; officially it met to authorize taxation and to endorse important acts of state. The Crown retained the right to call the members into session, which it did mainly when it required money or official support for national or international policy;

---

14 Bedford Companion, 311.
15 Durant, 356-375.
16 Shakespeare-Handbuch, 3.
17 Shakespeare-Handbuch, 7-8.

from the Elizabethan era to the outbreak of the English Revolution, the monarchs tended to use Parliament to their own advantage when possible and otherwise to ignore or tolerate it.[18]

Golden Age in a Nutshell

"William Shakespeare was born into a dying culture."[19] I, for one, do not think that we can oversimplify the Golden Age to such an extent. Of course, a lot of things were dying in Shakespeare's England – Catholicism, for example. But on the other hand, as Kastan rightly says, the children of the 1560s built a new Protestant culture on the ruins of the old religion. Thus the order of their society was maintained, rather than left with an empty place where the old traditions had been. A new and flourishing Renaissance culture replaced the old Catholic culture in England, and Shakespeare played a major role in shaping this new culture.

The heritage of the Reformation was a new intellectual culture, a revamped political ideology, a reinvented national identity, and a new economic system.[20] As far as concerns the history of Shakespeare's England, it is not at all unusual that popular and patriotic branches of historiography mystify and glorify this period. What is special about the myth of the Golden Age is its inescapability. On no level of elaboration or professionalism is the depiction of that period able to emancipate itself from myth; there is no distinction made between historical reality and historical myth: they interact at any time and the facts bow to the pattern of the historical myth.[21] This may have changed slightly in the seventies with the rise of "social history". But instead of reshaping the political picture of the Golden Age, historians instead concentrated on the economic aspects of history, leaving the actual myth intact and adding an intense social criticism.

The problem that historians struggle to overcome might be that the political and the cultural heyday of Renaissance England do not concur. The great political achievements occur between the Elizabethan Settlement and the defeat of the Armada; the development of drama reaches the top only after 1588. Due to Elizabeth's unusually long rule, the foundation for a period of flourishing

---

18 Bedford Companion, 305.
19 David S. Kastan, A companion to Shakespeare, Oxford: Blackwell (2000), 25.
20 Kastan, 25-31.
21 Suerbaum, 14.

theatrical culture could be laid. It took decades of continuity for the English self-consciousness to prosper in a way so as to produce Shakespeare's plays.[22]

The Elizabethan World Picture

The Elizabethan Age is a time of upheaval because the world picture of the Middle Ages slowly changes to the world picture of the Modern Times, which means that the notion of a theocentric universe shifts to the idea of a world focused on the human being. The alteration is indicated by three main symptoms: diverging judgments on reality, changing norms of human behaviour and discussions about the human ability to obtain cognition.[23] The consequences of these discussions are many revaluations and turnabouts. A well-known metaphor to describe Elizabethan times is the one of "the world upside down"[24].

Tillyard describes the Elizabethan age as a time of two contradictory principles: on the one hand the faith in humanism and the present life and on the other hand the belief in an afterlife refusing the presence because of secular ruin.[25]

The first important aspect to mention about the Elizabethan Age, however, is the fact that the changes of that time did not influence the world picture.[26] But, what *is* a "world picture"? How is the term defined?

According to Ulrich Suerbaum, a "world picture" is a complex of ideas, convictions and principles that are known and accepted by all contemporaries. But, it is not the result of what an epoch knows or thinks to know about the world, it is rather a system of categories and notions to perceive the world. This common apprehension was shared by all Elizabethans and may therefore be called the "Elizabethan World Picture".[27]

Uwe Baumann remarks that even if the Shakespearian Age shows differences of opinion concerning all spheres, the world picture is based on a consensus of notions to explain the perceptible reality.[28] In this context Baumann agrees with Suerbaum: "Dieses Weltbild dient als Rahmen, in den der Einzelne verschieden

---

22 Suerbaum, 231-234.
23 Uwe Baumann, Shakespeare und seine Zeit, Stuttgart: Ernst Klett Verlag (1998) 7.
24 Kenneth Muir and Samuel Schoenbaum (1980), A New Companion to Shakespeare Studies, Cambridge: Cambridge University Press (1980) 180.
25 E. M. W. Tillyard, The Elizabethan World Picture, London: Chatto & Windus (1943) 2.
26 Uwe Baumann, Shakespeare und seine Zeit, Stuttgart: Ernst Klett Verlag (1998) 7.
27 Ulrich Suerbaum, Das elisabethanische Zeitalter, Stuttgart: Reclam (1989) 475.
28 Uwe Baumann, Shakespeare und seine Zeit, Stuttgart: Ernst Klett Verlag (1998) 7.

viele und verschieden differenzierte Detailkenntnisse und -meinungen einordnen kann"[29]. This opinion modifies Tillyard's synthetic view of the Elizabethan world picture. Consequently, Baumann stands for a modified understanding of the term "world picture".[30]

W. R. (real name?) Elton mainly concentrates on the diverse features of the world picture in Shakespeare's times, which comprise diversity, variety, inconsistency and fluidity. Moreover, he focuses on the three main principles[31]: the frame of order, the great chain of being and the hierarchy within the system.

The Meaning of Order

Without knowing the meaning of order at the time we could hardly understand the Elizabethan world picture. According to Tillyard, people in the Elizabethan Age are not in doubt about the existence of this order[32] because this composition is regarded as *the* condition of everything else following.[33] The simple question Sir Thomas Elyot asks in his work *The Book named the Governor*, which he wrote in 1531, perfectly illustrates the belief in an organized system: "Take away order from all things, what should then remain? Certes nothing finally, except some man would imagine eftsoons chaos."[34] Moreover, people rely on God as the powerful organizer above all universal and earthly orders.[35] Once again an extract from Sir Thomas Elyot's book underlines this circumstance: "Hath not He (God) set degrees and estates in all His glorious works?"[36] But, as Elizabethan society strongly confide in this cosmic order, people fear the destruction of the system, which then would lead to total disorder, which existed before creation.[37] By taking Hooker and his work in this respect into account it becomes obvious what Elizabethan society gave credence to:

---

29 Suerbaum, shakespeares dramen, seite 85
30 Uwe Baumann, Shakespeare und seine Zeit, Stuttgart: Ernst Klett Verlag (1998) 7.
31 Kenneth Muir and Samuel Schoenbaum (1980), A New Companion to Shakespeare Studies, Cambridge: Cambridge University Press (1980) 180.
32 E. M. W. Tillyard, The Elizabethan World Picture, London: Chatto & Windus (1943) 7.
33 E. M. W. Tillyard, The Elizabethan World Picture, London: Chatto & Windus (1943) 8.
34 Thomas Elyot, The Book named the Governor, cited in: E. M. W. Tillyard, The Elizabethan World Picture, London: Chatto & Windus (1943) 9.
35 E. M. W. Tillyard, The Elizabethan World Picture, London: Chatto & Windus (1943) 11.
36 Uwe Baumann, Shakespeare und seine Zeit, Stuttgart: Ernst Klett Verlag (1998) 7.
37 E. M. W. Tillyard, The Elizabethan World Picture, London: Chatto & Windus (1943) 13.

> *Now if nature should intermit her course and leave altogether, though it were but for a while, the observation of her own laws; if those principal and mother elements of the world, whereof all things in this lower world are made, should lose the qualities which now they have…what would become of man himself, whom these things now do all serve? See we not plainly that obedience of creatures unto the law of nature is the stay of the whole world?[38]*

Apart from that, the importance of hierarchy within this organized world picture has to be mentioned. It is revealed by the following quotation taken from Raleigh's work:

> *For that infinite wisdom of God, which hath distinguished his angels by degrees, which hath given greater and less light and beauty to heavenly bodies, which hath made differences between beasts and birds, created the eagle and the fly, the cedar and the shrub, and among stones given the fairest tincture to the ruby and the quickest light to the diamond, hath also ordained kings, dukes or leaders of the people, magistrates, judges, and other degrees among men.[39]*

Tillyard, Suerbaum and Baumann agree on the opinion that people at the time believed in a universe created by God who gave every creature, from the low minerals up to the archangels[40], its unique place within an all-embracing hierarchy, which was subdivided in "degrees".[41]

Additionally, Elton mentions that every creature has received its unique place from God in accordance with its distance from divine perfection.[42]

At this point it is worth having a look at Suerbaum's and Baumann's comments on the Elizabethan world order. In contrast to Tillyard, who calls the predominant idea "a general conception of order"[43], Suerbaum and Baumann consider it to be a "frame of order"[44], which firstly is the basis for all sciences, secondly includes material and mental nature and thirdly unites both past and present phenomena.[45] However, all three support the assumption that the unity

---

38 E. M. W. Tillyard, The Elizabethan World Picture, London: Chatto & Windus (1943) 13-14.
39 Raleigh, bei tillyard seite 9
40 Uwe Baumann, Shakespeare und seine Zeit, Stuttgart: Ernst Klett Verlag (1998) 7.
41 Ulrich Suerbaum, Das elisabethanische Zeitalter, Stuttgart: Reclam (1989) 479.
42 Kenneth Muir and Samuel Schoenbaum (1980), A New Companion to Shakespeare Studies, Cambridge: Cambridge University Press (1980) 182.
43 E. M. W. Tillyard, The Elizabethan World Picture, London: Chatto & Windus (1943) 7.
44 Ulrich Suerbaum, Das elisabethanische Zeitalter, Stuttgart: Reclam (1989) 478.
45 Ulrich Suerbaum, Das elisabethanische Zeitalter, Stuttgart: Reclam (1989) 478.

of the cosmos springs from God. This also means that all Elizabethans thinking about the concept of their world simultaneously sense religious connotations.[46]

Whereas both Tillyard and Suerbaum talk about a conception, a system or a frame of order, Russ McDonald calls it an "ideology of order". According to him, the theory of a universal organization, which is handed down by religious and political thinkers of the Middle Ages, in connection with the belief that God created the universe allotting one certain place for everyone and everything, is the precondition for a harmonic and productive society[47]. Therefore order and hierarchy prove to be useful for both Elizabeth's and James' government. According to McDonald this is enough evidence to call the Elizabethan world order not only a "doctrine" but also rather an "ideology".[48]

To put it in a nutshell, the meaning of order in Elizabethan times is the notion of a system, which is based on God as the source, including material and mental nature and uniting past, present and future phenomena. McDonald's argumentation is problematic because the theory of a universal organization cannot only be passed on by religious and political thinkers of the Middle Ages, but also by ordinary people. In this context Tillyard remarks that the "conception of order…must have been common to all Elizabethans of even modest intelligence." Therefore ideas also have to be handed down by average people. Thus, the Elizabethan world picture is not a set of beliefs, mainly political ideas on which people, parties or countries base their actions[49], but a system of notions –*not* based on knowledge- people have in the Elizabethan Age. The most common idea every Elizabethan agreed on is the hierarchical system within a frame of order created by God who allotted one unique place to each creature of the cosmos.

The Macrocosm

The following description of the macrocosm may be considered to be the best known universal concept in Elizabethan times. According to this idea heaven and the macrocosm consisting of the stars and their spheres are located above the moon. People thought of the universe as a system of concentric circles with

---

46 Ulrich Suerbaum, Das elisabethanische Zeitalter, Stuttgart: Reclam (1989) 478.
47 Russ McDonald, The Bedford Companion to Shakespeare, Boston: Palgrave (2001) 319.
48 Russ McDonald, The Bedford Companion to Shakespeare, Boston: Palgrave (2001) 320.
49 John Sinclair, ed., PONS Cobuild: English Learner's Dictionary, Glasgow: Omnia Books Limited (1996) ??

the elemental area in the centre. The globe is made of the two heavy elements of soil and water and the two light elements of air and fire in form of ether, which makes up the atmosphere. With the moon as the first element of the macrocosm the spheres or the so-called *heaven of the seven planets* begins, which were, in Elizabethan Age, apart from Luna, Mercury, Venus, Sol, Mars, Jupiter and Saturn. In this context Tillyard adds that everything beneath the sphere of the moon is characterized by mutability and the rest of the cosmos by constancy.[50] The eighth sphere is the starry sky with the stars and the signs of the zodiac[51], which are reflected in the translucent ninth heaven, the Coelum Cristallum. The tenth heaven, the so-called Primum Mobile with which God moves the whole system, holds the universe together. And finally the eleventh sphere, the Coelum Empyraeum, God lives in with the blessed ones and the nine angel choirs. Apart from that, the movements of all stars are tuned and therefore music of the spheres is produced, which is supposed to be the epitome of harmony. But since mankind's original sin human beings are unable to hear the music of the sphere. Although the belief in a universe with the earth in its centre shifted to the faith in a system in which the sun is the focus, the notion of the macrocosm described above hardly changed. The reason for this is that the sun has always been a special planet and the earth did neither lose its significance nor its unique character. Apart from that, heaven eight to heaven eleven are no longer separated, but both the starry sky and the home of the blessed ones are regarded to be one sphere.[52] Angels, as God's messengers, however, were thought to inhabit the whole range of the cosmos.[53]

To sum up, Elizabethans had a very concrete idea of how the universe above the moon was constructed. Despite the major change from the earth as the focal point to a system in which the sun was in the center, the Elizabethan notion of the macrocosm kept its stability.

The Hierarchical Order – illustrated by Metaphors

The Elizabethan world picture explains its numerous notions with the help of pictures and metaphors, which mainly come from classical antiquity.[54] As

---

50 E. M. W. Tillyard, The Elizabethan World Picture, London: Chatto & Windus (1943) 35.
51 Ulrich Suerbaum, Das elisabethanische Zeitalter, Stuttgart: Reclam (1989) 480.
52 Ulrich Suerbaum, Das elisabethanische Zeitalter, Stuttgart: Reclam (1989) 484.
53 E. M. W. Tillyard, The Elizabethan World Picture, London: Chatto & Windus (1943) 36-37.
54 Ulrich Suerbaum, Das elisabethanische Zeitalter, Stuttgart: Reclam (1989) 484.

already mentioned, the position a creature held in the world order reflected its value within the system. The relationship between higher and lower placed creatures was the one of power in relation to obedience as a subject. At the same time it was an organized system of difference and similarity. Therefore the Elizabethan world order is on the one hand a hierarchical system and on the other hand a system of correspondences.[55] Furthermore, a quotation from Spencer's *Hymn of Heavenly Beauty* illustrates Elizabethan ideas both about the world order and God's variety of creation:

> *Then look, who list thy gazeful eyes to feed*
> *With sight of that is fair, look on the frame*
> *Of this wide univers and therein read*
> *The endless kinds of creatures which by name*
> *Thou canst not count, much less their natures' aim*
> *All which are made with wondrous wide respect*
> *And all with admirable beauty deckt.*[56]

The best-known pictures to explain the hierarchical world order were both "the chain of being" and the "scale of degree". Moreover, the universe as a musical composition, as an organ with registers or as a stringed instrument were also common images of explanation.[57]

The Chain of Being

The first image of interest is the chain of being. People gave credence to a linked chain that started at the pedestal of God's throne leading down to the lowest creature. Except the two extremities, each creature was at the same time smaller and bigger than another one[58]. Sometimes the chain was also regarded to be a ladder[59] leading from earth up to heaven. An excerpt from Sir John Fortescue's Latin work on the law of nature clearly shows people's belief:

> *In this order hot things are in harmony with cold, dry with moist, heavy with light, great with little, high with low. In this order angel is set over angel, rank upon rank in the kingdom of heaven; man is set over man, beast over beast, bird over bird, and fish over fish, on the earth in the air and in the sea: so that there is no worm that crawls upon the ground, no bird that flies on high, no fish that swims in the depths, which the chain of this*

---

55 Ulrich Suerbaum, Das elisabethanische Zeitalter, Stuttgart: Reclam (1989) 485.
56 Spencer zitiert bei Tillyard page 23
57 Ulrich Suerbaum, Das elisabethanische Zeitalter, Stuttgart: Reclam (1989) 485.
58 E. M. W. Tillyard, The Elizabethan World Picture, London: Chatto & Windus (1943) 23.
59 Ulrich Suerbaum, Das elisabethanische Zeitalter, Stuttgart: Reclam (1989) 486.

> *order does not bind in most harmonious concord. [...] God created as many different kinds of things as he did creatures, so that there is no creature which does not differ in some respect from all other creatures and by which it is in some respect superior or inferior to all the rest. So that from the highest angel down to the lowest of his kind there is absolutely not found an angel that has not a superior and inferior; nor from man down to the meanest worm is there any creature which is not in some respect superior to one creature and inferior to another. So that there is nothing which the bond of order does not embrace.*[60]

In addition to that, the whole universe is separated into classes, which again have a primate. The excerpt from Peacham's *Complete Gentleman* underlines what is meant:

> *Among the heavenly bodies we see the nobler orbs and of greatest influence to be raised aloft, the less effectual depressed. Of elements the fire, the most pure and operative, to hold the highest place. The lion we say is king of beasts, the eagle chief of birds, the whale and whirlpool among fishes, Jupiter's oak the forest's king. Among flowers we most admire and esteem the rose, among fruit the pomeroy and queen-apple; among stones we value above all the diamond, metals gold and silver.*[61]

Additionally, Suerbaum mentions that each link is unique because of its place in the chain. As a link it is similar to many other links, but as soon as one component is missing, the chain is unable to keep up its full function.[62]

To sum up, Tillyard presents an Elizabethan notion of the world in which nature is linked through a hierarchical chain. The corresponding moment of all different classes, however, is the aspect of a primate in every class of creatures.

The Stairs

Apart from the chain of being, the stairs are a well-known metaphor to explain God's hierarchical order of the universe. The most famous illustration of the cosmos beneath the moon – which means that the spheres above the moon are excluded – is the diagram by Bovillus (de Bouelles) from 1509[63]: The first step of the stairs represents the realm of the minerals, like rocks, of which pure existence is the only feature. The second step symbolizes the domain of the Vegetable Kingdom, which includes trees for example, and which is characterized by existence and life. Existence, life, sentiment and motion are

---

60 Fortescue, bei tillyard seite 24-25
61 Peacham bei tillyard seite 27
62 Ulrich Suerbaum, Das elisabethanische Zeitalter, Stuttgart: Reclam (1989) 486.
63 Bovillus (de Bouelles) Liber de sapiente (1509)

distinct attributes for creatures of the Animal Kingdom, which is on the third step of the stairs. The last and highest step of the earthly sphere is taken by the human being who possesses, in addition to the features of a member of the Animal Kingdom, intellect and a soul. On the right side of the illustration the stairs lead downwards again. On top of the upper step a scholar, as the crown of the earthly hierarchy, is studying his books. Virtue is his characteristic feature.[64] But, the human being has no reason to be arrogant because he is able to descend through his own fault. The vain human being sitting on the second step is compared to the members of the Animal Kingdom because he suffers from hedonism, which is a reprehensible sin.[65] Analogous to vegetable life the human being perching on the third step is addicted to feasting. As gluttony is his vice, he had to descend the ladder. On the lowest step of the ladder, analogous to the minerals and with the feature of pure existence, a man is crouching down without doing anything. He is guilty of sluggishness, which is also a deadly sin.

The diagram just comprises the earthly spheres because only the elemental cosmos beneath the moon is exposed to alteration and death. The reason for change and the extinction of life is the fact that the earthly spheres consist of all four elements of water and soil, fire and air.[66]

To sum up it can be said that the stairs, which are representing the transient spheres, symbolize an order in which all living creatures are separated into hierarchical classes. These classes on one side of the illustration are compared to the human being and his vices on the other side of the diagram. Some human beings belong to a lower class than others dependent on their sin of hedonism, gluttony or sluggishness.

Analogy and Correspondences

The chain of being, the ladder and the stairs are not only regarded as metaphors to express the hierarchy of the universe, but also to illustrate analogies and correspondences because the links of the chain and the steps of the stairs repeat themselves. The following quote underlines that analogy and correspondences give rise to the bond and the interplay of manifold nature[67]:

---

64 Uwe Baumann, Shakespeare und seine Zeit, Stuttgart: Ernst Klett Verlag (1998) 8.
65 Ulrich Suerbaum, Das elisabethanische Zeitalter, Stuttgart: Reclam (1989) 486.
66 Ulrich Suerbaum, Das elisabethanische Zeitalter, Stuttgart: Reclam (1989) 480.
67 Uwe Baumann, Shakespeare und seine Zeit, Stuttgart: Ernst Klett Verlag (1998) 9.

> As we see that in the body of this universal frame, there is (as the Philosophers say) matter, forme, privation, simplicitie, mixture, substance, quantitie, action and passion, and that the whole world being compounded of unlike elements, of earth, water, aire and fire, is notwithstanding preserved by an Analogie and proportion, which they have togither: and as we see in a mans bodie, head hands, feete, eies, nose, eares: in a house, the husband, wife, children, master, servants: in a politike bodie, Magistrates, Nobles, common people, artificers: and that everie bodie mingled with heate, colde, drie and moist, is preserved by the same reason of analogie and proportion which they have togither: So is it in every common-wealth well appointed and ordred [...][68]

In this passage Pierre de la Primaudaye chooses the man's body, the house and the body politic as examples of correspondences within the hierarchical system of Elizabethan times.

Another excerpt from Sir Walter Raleigh's *The History of the World* also illustrates the notion of the time concerning concurrence and correlation in a different context:

> [...] the seven ages of man [resemble] the seven planets; whereof our infancy is compared to the moon, in which we seem only to live and grow, as plants; the second age to Mercury, wherein we are taught and instructed; our third age to Venus, the days of love, desire, and vanity; the fourth to the sun, the strong, flourishing, and beautiful age of man's life; the fifth to Mars, in which we seek honour and victory, and in which our thoughts travel to ambitious ends; the sixth age is ascribed to Jupiter, in which we begin to take account of our times, judge of ourselves, and grow to the perfection of our understanding; the last and seventh to Saturn, wherein our days are sad, and overcast [...].[69]

Although the extract shows to be different from the first quote, it underlines the analogy Elizabethans also believed in: the similarity between the planets and the ages of all human beings.

Tillyard puts it in a nutshell by saying that "...a primate in one class of creation must be an important link in the chain as being closest to the class above it and must also correspond to a primate in another class."[70]

In this context Elton mentions that the analogical conception of the world that relates God and the human being was handed down from the Middle Ages.

---

68 Pierre de la Primaudaye, The French Academy, cited in: suerbaum, Shakespeares Dramen seite 91
69 Sir walter raleigh (1614), the history of the world, page 60
70 E. M. W. Tillyard, The Elizabethan World Picture, London: Chatto & Windus (1943) 79.

Elizabethan times, however, knew a simplified version of the analogical world picture present in the middle Ages.[71]

The extracts and Tillyard's remark explain how Elizabethans, with the help of images, drew parallels between the outer space, nature, society and themselves as parts of an organized world. In addition to Tillyard's point of view, scholars today still agree on the fact that everyone at the time gave credence to these correspondences.

The Human Being

As the human being is the only creature to be in the possession of *ratio*, he holds the top position on the stairs of the earthly spheres and because of his soul, he is considered to sit on the lowest step of the heavenly spheres. Therefore man connects the two parts of the universe: on the one hand the sensitive sphere and on the other hand the intelligible world[72], which is illustrated by the following extract from Sir Walter Raleigh's work:

> *And whereas God created three sorts of living natures, to wit, angelical, rational, and brutal; giving to angels an intellectual, and to beasts a sensual nature, he vouchsafed unto man both the intellectual of angels, the sensitive of beasts, and the proper rational belonging unto man, and therefore, saith Gregory Nazianzene, Homo est uterisque naturae vinculum, 'Man is the bond an chain which tieth together both natures.'*[73]

Moreover, people believed that God created the human being as the last and most perfect creature on earth.[74] Another quotation from Sir Walter Raleigh underlines that mankind is the mirror and the model of the whole creation: "Man, thus compounded and formed by God, was an abstract or model, or brief story of the universal"[75]. Mankind is supposed to rule the earth and its creatures while glorifying the world's creator.[76]

Apart from that the human being is compared to the twelve spheres of the macrocosm. The four elements of soil, water, air and fire, which were taken for

---

71 Kenneth Muir and Samuel Schoenbaum (1980), A New Companion to Shakespeare Studies, Cambridge: Cambride University Press (1980) 180.
72 Ulrich Suerbaum, Das elisabethanische Zeitalter, Stuttgart: Reclam (1989) 492.
73 Sir Walter Raleigh (1614) The History of the World:
74 Uwe Baumann, Shakespeare und seine Zeit, Stuttgart: Ernst Klett Verlag (1998) 10.
75 Sir walter raleigh, the history f the world,(1614) nach suerbaum, seite 493
76 Ulrich Suerbaum, Das elisabethanische Zeitalter, Stuttgart: Reclam (1989) 493.

granted[77], equal the four *humours* of which the human body consists. The seven spheres of the planet are in connection with man's organs. The sky with the signs of the zodiac influences human character, constitution and fate.[78] In the following the focus will be on the elements and their corresponding humours: soil is analogous to *melancholy*; cold and dry is their common quality. Water, which is cold and moist, corresponds with *phlegm* having the same characteristic. The elements air and the humour *sanguis* are hot and moist. Fire and *choler*, finally, have a hot and dry attribute. The proportion of the four humours to one another lead to four different personalities. The balanced proportion, which has been disturbed by man's original sin, is exposed to the influence of planets, age, climate, location, season and diet because of the correspondences between microcosm and macrocosm. The four different individuals with their distinctive appearance and character traits were described by Guy Marchand in his *Kalendar* in 1493:

> CHOLERIC MAN *hath nature of FIRE, hot and dry, naturally is lean and slender, covetous, ireful, hasty, brainless, foolish, malicious. He hath wine of the LION: he chideth, fighteth and commonly he loveth to be clad in black.*
> SANGUINE MAN *hath nature of AIR, hot and moist. He is large, plenteous, attempered, amiable, abundant in nature, merry, singing, laughing, liking, ruddy and gracious. He hath his wine of the APE: more he drinketh the merrier he is and draweth to women, and naturally loveth high coloured cloth.*
> PHLEGMATIC MAN *hath nature of WATER, cold and moist. He is heavy, slow, sleepy, ingenious, commonly he spitteth when he is moved, and hath his wine of the SHEEP, for when he is drunken he accounteth himself wisest, and loveth most green colour.*
> MELANCHOLIC MAN *hath nature of EARTH, cold and dry. He is heavy, covetous, backbiter, malicious and slow. His wine is the HOG, for when he is drunken he desireth sleep. And he loveth black colour.*[79]

As a result of the reflections on the role of the human being at Shakespeares's time it can be said that every individual was regarded as a connection between the mortal and the immortal world. Moreover mankind is the reflector and the replica of the entire creation. The blemish, concerning the human being, however, is the imbalance of the four humours within the body since the original sin. As the whole universe is an ordered system, Elizabethans also try to classify human nature and therefore the categories of the four diverse personalities were formed. To complete the aspect of the humankind in Elizabethan times it is

---

77 E. M. W. Tillyard, The Elizabethan World Picture, London: Chatto & Windus (1943) 55.
78 Ulrich Suerbaum, Das elisabethanische Zeitalter, Stuttgart: Reclam (1989) 494.
79 zitiert in baumann, seite 10-11, eigentlich hussey the world of shakespeare seite 25

worth to be mentioned that man feels more comfortable in communities and accordingly becomes an "Ordnungswesen par excellence, denn die Gesellschaft weist ihm seinen degree in einer Reihe von Hierarchien zu: Er wird seinem sozialen Stand, seinem Berufsstand, seinem Familienstand und seinem Vermögensstand nach eingeordnet."[80]

The Body Politic

The following extract from the book of Homilies from 1547 underlines people's notion about the correspondence between the macrocosm and the body politic:

> *In the earth God hath assigned kings princes with other governors under them, all in good and nececcary order. The water above is kept and raineth down in due time and season. The sun moon stars rainbow thunder lightning clouds and all birds of the air do keep their order.*[81]

Apart from that Shakespeare specifically compares the role of the king, as the ruler of the state, with the role of the sun, as the ruler of heaven:

> *And therefore is the glorious planet Sol*
> *In noble eminence enthron'd and spher'd*
> *Amidst the other, whose med'cinable eye*
> *Corrects the ill aspects of planets evil*
> *And posts like the commandment of a king,*[82]

Analogous to the superior position of the sun, the king likewise plays the main part in society. As God's representative on earth he is positioned on top of all worldly hierarchies[83].

To stick to Shakespeare's words, they also reveal the consequence of disturbance in heaven, which means discord in the body politic:

> *But when the planets*
> *In evil mixture to disorder wander,*
> *What plagues and what portents, what mutiny,*
> *What raging of the sea, shaking of earth,*
> *Commotion in the winds, frights changes horrors,*

---

80 suerbaum shaespeares dramen seite 94, zitiert bei baumann seite 11
81 Homily of Obedience in book of Homilies from 1547, zitiert bei Tillyard.
82 Shakespeare, Troilus and Cressida, I, iii, 89-94.
83 Uwe Baumann, Shakespeare und seine Zeit, Stuttgart: Ernst Klett Verlag (1998) 11.

Divert and crack, rend and deracinate
The unity and married calm of states
Quite from their fixture.[84]

The stability of the body politic, however, is not only dependent on the harmony of the macrocosm, but also on the well-being of the ruler and his subject's support as the following quote shows:

> God made all the parts of the body for the soul and with the soul to serve him, and all the subjects in a kingdom to serve their king and with their king to serve him. If the head of the body ache, will not the heart be greatly grieved, and every part feel his part of the pain of it? And shall a king in his will be displeased and the heart of his kingdom (the hearts of his subjects) not have a feeling of it? Can the eye of the body be hurt or grieved, and neither the head heart nor any other member be touched with the pain of it? No more can the council, the eye of the commonwealth, be disturbed, but the king will find it and the commonwealth will feel it. Can the hand, the artificer, be hurt but the commonwealth will find the lack of it, the eye with pity will behold it, and the head with the eye, the king with the council, take care for the help of it? Can the labourer, the foot, be wounded, but the body of the state will feel it, the head be careful, the eye searchful and the hand be painful in the cure of it? And can the commonwealth, the body, be diseased, but the king, his council and every true subject will put to his hand for the help of it?

To sum up, the Elizabethan idea of the body politic is a conception in which the ruler is the head of the state, comparable to the sun as the ruler of heaven. As there is a *king* in all positions of both the macrocosm and the microcosm, monarchism is thought to be the natural form of government in Shakespeare's time. Moreover, disorder in nature and indisposition of the sovereign are the greatest threats to the stability of the body politic.

The Meaning of Sin

The meaning of sin is an aspect that has to be taken into consideration because the original sin caused the collapse of the initially stable and ordered world system. On account of mankind insecurity and mutability found its way into the cosmos constituting a permanent danger. The poet John Donne touches upon these indications of decay both in the macrocosm and the microcosm:

> *'Tis all in pieces, all coherence gone;*
> *All just supply, and all relation:*

---

84 Shakespeare, Troilus and Cressida, I, iii, 94-101.

> *Prince, subject, father, son, are things forgot,*
> *For every man alone thinks he hath got*
> *To be a phoenix, and that there can be*
> *None of that kind, of which he is, but he.*

Tillyard, who refers to a medieval theologian, emphasizes that mankind separated from his true self by the original sin, however, is able to regain his inner self-knowledge through contemplating nature, which reflects the divine order of the cosmos. Therefore Elizabethans did not think of the world as a lost place of destruction, but they rather had the double vision of an instable world that still reflected God's perfect and harmonious creation and thus was not irretrievably lost. An extract from Milton's *Paradise Lost* underlines what is meant:

> *Well hast thou taught the way that might direct*
> *Our knowledge, and the scale of Nature set*
> *From center to circumference, whereon*
> *In contemplation of created things*
> *By steps we may ascend to God.*[85]

According to Tillyard it is the great achievement of the Middle Ages on the one hand to regard the world with this double vision and on the other hand to draw the conclusion that the present decay is a consequence of sin.[86]

To put it in a nutshell, the meaning of sin at Shakespeare's time was present in everyday life because people considered themselves living in an insecure world that, however, was not lost because of God's presence and his providence in the existence of nature.

World Picture: Conclusion

The present paper tried to approach the Shakespearian global concept by analyzing the Elizabethan world picture and its characteristics. Apart from that controversial opinions were as far as possible also taken into consideration.

In retrospect the Elizabethan Age is a time of revaluations and turnabouts in which mankind both had faith in the present life and – in contrast to that – in an afterlife refusing the present time because of secular ruin. In this context people

---

85 Milton Paradise Lost zitiert aus Tillyard seite 19
86 E. M. W. Tillyard, The Elizabethan World Picture, London: Chatto & Windus (1943) 18-20.

talk about the Elizabethan World Picture, which, according to Suerbaum, is a system of categories and notions to perceive the world. The important aspect is that all Elizabethans shared this specific system of categories and ideas and therefore we may talk about the Elizabethan World Picture. In this context Baumann agrees with Suerbaum and, moreover, supports a modified understanding of the term "world picture". The next aspect of interest is the importance of order: People in Shakespearian times gave credence to a hierarchical system within a frame of order created by God who assigned one unique place to every creature in the universe. The cosmos at the time was a complex in which the earth was the focus. The moon was the first planet to be thought part of the *heaven of the seven planets*. Above this sphere was the starry sky with the stars and the signs of the zodiac. The ninth heaven was considered to be translucent. The whole system could be moved by God with the help of the *Primum Mobile*. Heaven eleven, finally, was regarded as the home of God, the blessed ones and the nine angel choirs. Although the idea of a complex in which the sun is the center became predominant in the course of the Shakespearian time, the Elizabethan notion of the macrocosm kept its stability. Apart from that the Chain of Being and the stairs are significant characteristics of the Elizabethan World Picture. Tillyard mentions that people at the time gave credence to a world in which all parts of nature are linked through a hierarchical chain. Moreover, the stairs symbolize an order in which all creatures are separated into hierarchical classes. In this context mankind is also classified according to his sins. Besides, analogy and correspondences are very central characteristics of the Shakespearian global concept, too, because all Elizabethans believed in correspondences and drew parallels between the outer space, nature, society and themselves as parts of an organized world. The human being was regarded as a connection between mortal and immortal world and a replica of the entire creation. People at the time thought to know four types of personality. The last two aspects of importance are the body politic and the meaning of sin. The ruler was regarded as head of the state and monarchy considered to be the natural form of government. Disorder in nature and indisposition of the sovereign were the greatest threats to the establishment of the body politic. Sin was present in everyday life because people saw themselves living in an insecure world that, however, was not lost because of God's presence and providence in the reality of nature.

And the rest is silence

This paper has made an effort to approach the Elizabethan Age from the fact-based point of view of an historian as well as from an anthropological perspective that concentrates more on vaguer ideas and concepts of the time and the religious and/or pseudo-religious mindset of the people. We find that the historical events as well as the data about the Elizabethan World Picture gathered above provided a more then ample background that Shakespeare could rely on when creating his plays. Again, to what extents plots, sub-plots, characters, single scenes or lines are influenced by those will most likely never be completely extrapolated. But the general influence is undeniably to be found in Shakespeare's works and we hope that our humble compilation will enable the reader to understand more about the background (or the foreground?) that shaped the plays of Sir William Shakespeare.

List of Works Cited

Baumann, Uwe. Shakespeare und seine Zeit. Stuttgart: Ernst Klett Verlag, 1998.

Durant, Will and Ariel. Kulturgeschichte d. Menschheit Vol. 10: Gegenreformation und elisabethanisches Zeitalter. München: Südwest, 1978.

Kastan, David S. A companion to Shakespeare. Oxford: Blackwell, 2000.

McDonald, Russ. The Bedford Companion to Shakespeare: An Introdcution with Documents. Boston: Bedford, 2001.

Muir, Kenneth. A new companion to Shakespeare studies. Cambridge: CUP, 1980.

Schabert, Ina. Shakespeare-Handbuch: die Zeit, der Mensch, das Werk, die Nachwelt. Stuttgart: Kröner, 1978.

Sinclair, John, ed. PONS Cobuild: English Learner's Dictionary. Glasgow: Omnia Books Limited, 1996.

Suerbaum, Ulrich. Das elisabethanische Zeitalter. Stuttgart: Reclam, 1989.

Tillyard, E. M. W. The Elizabethan World Picture. London: Chatto & Windus, 1943.

Zum Verhältnis tragischer und komischer Aspekte in William Shakespeares „Romeo and Juliet"

Charlotte Seeger, 2010

Einleitung

„- For never was a story of more woe, than this of Juliet and her Romeo."[87]

Mit diesen Worten endet Shakespeares "Most Excellent and Lamentable Tragedy of Romeo and Juliet". Es wird die beklagenswerte Geschichte einer Liebe erzählt, die auf Grund eines Familienzwists und einiger Zufälle tragisch endet. Eine Geschichte voller Leid, so wie man es aus einer klassischen Tragödie kennt. Doch bei Shakespeares „Romeo and Juliet" hat man es nicht mit einer gewöhnlichen Tragödie zu tun. Sie wird zwar im Titel als Tragödie deklariert, birgt aber doch gerade im ersten Akt zahlreiche komische Elemente, die für eine Tragödie doch recht ungewöhnlich sind. Von dieser Besonderheit ausgehend, stellt sich die zentrale Frage dieser Ausarbeitung: Welches Verhältnis haben die komischen und die tragischen Elemente in Shakespeares „Romeo and Juliet" zueinander?

Daher wird zunächst das typisch Komische zur Zeit Shakespeares dargestellt. Es sollen Einflüsse traditioneller, beziehungsweise zeitgenössischer Werke herauskristallisiert werden, um diese später in der Analyse der komischen Aspekte in „Romeo and Juliet" wieder aufzugreifen und zu verwerten. Daraufhin sollen im nächsten Teil die besonderen Merkmale der elisabethanischen Tragödien beschrieben werden. Daran wird sich die Analyse der tragischen Aspekte aus „Romeo and Juliet" anschließen. Dabei soll untersucht werden, inwiefern diese dem typisch elisabethanischen Tragödienverständnis entsprechen oder aber davon abweichen.

Abschließend soll nun im Fazit das Verhältnis der tragischen und komischen Elemente des Werks aufgezeigt werden. Was macht das ganze Werk nun zu einer Tragödie, wo doch ein großer Teil auf komischen Elementen basiert? Was bewirkt diese Art von Mischform? Wie wirken die beiden unterschiedlichen Elemente der Tragödie und der Komödie in einem Werk vereint und was lässt sich aus dieser Analyse auf die Dramenintention schließen.

---

[87] Shakespeare, William: Romeo and Juliet. Hg. v. Herbert Geisen. Stuttgart : Reclam, 2009. (Reclams Universal-Bibliothek; Bd. 9942). S.203, V. 309.

Die Tradition des Komischen

William Shakespeare war zu seiner Zeit nicht nur ein begnadeter Tragödiendichter, auch seine Komödien waren allseits beliebt und gern gespielt. Die Tradition des Komischen selbst gehört zu den ältesten des englischen Theaterwesens.[88] Die elisabethanische Komödie fand ihren Ursprung in volkstümlichen Interludes, lustigen Szenen mit komischen und lächerlichen Figuren, die während der mittelalterlichen Mysterienspiele[89] als Pausenfüller dienten. Wegen ihrer Aufführungsform sprachen diese mehr die unteren Volksschichten an.[90] Zu einer selbständigen Kunstform entwickelte sich die Komödie erst unter dem Einfluss römischer Dichter, wie Titus Maccius Plautus und Terenz (Publius Terenzius Afer), die im Lateinunterricht der Schulen und Universitäten unterrichtet und auch aufgeführt wurden. Zugänglich waren diese jedoch nur für die oberen Schichten, die sich einen solchen Bildungsweg leisten konnten.[91] Die Figuren sind alle nach zeitlosen Verhaltensmustern entworfen, wie zum Beispiel dem geizigen Vater oder dem listigen Diener, außerdem verweisen auch Form und Handlung stark auf die römischen Vorbilder. Rein inhaltlich war die plautinische Liebeskomödie ein Vorbild für Shakespeare: Ein junges Liebespaar, dessen Beziehung von der Gesellschaft nicht gestattet wird, schafft es nach vielen Verwicklungen und trotz aller liebesfeindlicher Normen ihre Liebe durchsetzen und krönt diese mit einer Hochzeit. Die Vertreter der Gesellschaft werden lächerlich gemacht, und sie erkennen die Fehler ihrer eigenen Normen und akzeptieren das Liebespaar nun offiziell.[92] Die aus Italien stammende „Commedia dell'Arte", die etwa in der Mitte des 16. Jahrhunderts herum entstand, wird ebenfalls als großes Vorbild der komischen Tradition Englands begriffen.[93]

Improvisation und Wortwitz ersetzten aufgeschriebene Spieltexte, zudem traten immer feste Bühnentypen auf. Vor allem die für diese Komödienform typische

---

88 Vgl. Suerbaum, Ulrich: Das elisabethanische Zeitalter. Durchges. und bibliogr. erg. Ausg. Stuttgart: Reclam, 2007 (Reclams Universal-Bibliothek; 8622). S. 197.
89 Mysterienspiele gelten als Vorläufer des elisabethanischen Theaters. Biblische Stoffe wurden in einer Mischung aus Heilsgeschichte und Schwank von Laienschauspielern bei Volksfesten dargeboten. Vgl. Baumann, Uwe: Shakespeare und seine Zeit. Stuttgart: Klett, 1998. S. 16-17.
90 Vgl. Gelfert, Hans-Dieter: Shakespeare. München: Beck Verlag, 2000. (C.H. Beck Wissen in der Beck'schen Reihe; Bd. 2055). S. 74.
91 Vgl. ebd. S. 74-75.
92 Vgl. Weiß, Wolfgang: Die dramatische Tradition. In: Shakespeare-Handbuch. Die Zeit- Der Mensch- Das Werk- Die Nachwelt. Hg. v. Ina Schabert. 5. Auflage. Stuttgart: Alfred Kröner Verlag, 2009. S. 52-53.
93 Vgl. Suerbaum, 2007. S. 198.

Situation des Werbens mehrerer Männer um eine Frau wurde von Shakespeare und seinen Zeitgenossen gerne verwendet.[94]

Analyse der komischen Aspekte in Shakespeares „Romeo and Juliet"

Stoffliche und motivische Einflüsse der elisabethanischen Komödie auf „Romeo and Juliet"

Unter den obengenannten zahlreichen Einflüssen entwickelte sich eine eigene, für sich stehende Gattung.[95] Die elisabethanischen Komödien basieren alle auf der Forderung, dass die Komödie nicht nur belustigen, sondern auch eine Bildungsfunktion beinhalten solle. Durch die komisch-satirischen Elemente soll ein einfacherer Zugang zur eigentlichen Intention eines Stückes ermöglicht werden.[96] In der Komödie wird ein Abbild des normalen Lebens projiziert, nicht eines des hohen Lebens, wie in der Tragödie. Die Handlung spielt sich mehr im privaten Bereich ab und thematisiert Stoffe der Gegenwart im Gegensatz zur Tragödie, in dem der „Fall of Princes", also der Fall eines hochrangigen Menschen einer vergangenen Zeit, behandelt wird.[97] Die Quellen Shakespeares, wie diejenigen zu „Romeo and Juliet", sind typisch novellistischen Ursprungs und weniger bekannte historische Geschichten.[98]

„Romeo and Juliet" beinhaltet ein doch sehr zeitloses Thema, dass weniger politische als private Probleme anspricht. Shakespeare platziert „Romeo and Juliet" inhaltlich in eine typisch komische Situation, wie in den bereits in Abschnitt zwei genannten plautinischen Komödien: Zwei Liebende müssen soziale und politische Hindernisse überwinden, um wieder vereint zu sein.[99] Ein starker Einfluss auf Shakespeare scheint dabei auch von den für die elisabethanische Zeit typischen romanesken Komödien auszugehen, die den

---

94 Vgl. Weiß, 2009. S. 55-56.
95 Vgl. ebd. S. 57.
96 Vgl. Pfister, Manfred: Die heiteren Komödien. In: Shakespeare-Handbuch. Die Zeit- Der Mensch- Das Werk- Die Nachwelt. Hg. v. Ina Schabert. 5. Auflage. Stuttgart: Alfred Kröner Verlag, 2009. S. 376.
97 Vgl. Suerbaum, 2007. S. 199.
98 Vgl. Snyder, Susan: The Comic Matrix of Shakespeare's Tragedies. Princeton: Princeton University Press, 1979. S. 57.
99 Vgl. Tuck-Rozett, Martha: The Comic Structures of Tragic Endings: The Suicide Scenes in Romeo and Juliet and Antony and Cleopatra. In: Shakespeare Quarterly, Bd. 2. Hg. v. Folger Shakespeare Library. Washington: George Washington University Press, 1985. S. 153.

gleichen Stoff behandelten[100]. Die Liebe von Romeo und Juliet wird beispielsweise mit der Metapher eines Seeabenteuers verglichen, ein typisches Motiv elisabethanischer Komödien. Mit Glück und Geschicklichkeit schafft es das Paar natürliche Hindernisse zu umschiffen, um am Ende zusammen sein zu können.[101]

„But He that hath the steerage of my course
Direct my sail! On, lusty gentlemen!"[102]

Das Thema Liebe ist in Shakespeares komischem Werk omnipräsent. Nach seiner Auffassung zeigt die Darstellung des Liebespaares die Schwäche eines Menschen und die daraus entstehenden Schwierigkeiten, die er mit seiner Identität und seinem Verhältnis zu anderen hat.[103] Auch die Identitätsproblematik findet sich in „Romeo and Juliet" wieder. Jeder der Liebenden hadert mit sich und der Herkunft des anderen, die einen Keil zwischen sich selbst und den geliebten Menschen treibt.

„My only love, sprung from my only hate!
Too early seen unknown, and known too late!
Prodigious birth of love it is to me
That I must love a loathed enemy."[104]

Auffallend ist ebenfalls, dass die Liebe in den elisabethanischen Komödien durch die Bräuche romantischer, petrarkistischer Liebesdichtung[105] idealisiert wird. Diese Blindheit der Liebe wird oft ins Lächerliche gezogen, denn diese Art der Werbung betont in der elisabethanischen Sichtweise, dass die männliche Dominanz außer Kraft gesetzt wird. Der Mann ist der Bittende und wird von seinem Gefühl beherrscht.[106] In genau diesem Muster verhält sich auch Romeo, als er zu Beginn des Stückes noch Rosaline verfallen ist: Er wird von dieser

---

100 Ein Liebespaar muss, bevor es glücklich vereint wird, zahlreiche Abenteuer bestehen. Die leidenschaftliche und treue Liebe ist der höchste Wert. John Lyly gilt als wichtigster Vertreter dieser Untergattung. Vgl. Weiß, 2009. S.58.
101 Vgl. Snyder, Susan: Romeo and Juliet: Comedy into tragedy. In: Shakespeare's early tragedies. A collection of critical essays. Hg. v. Mark Rose. Englewood Cliffs: Prentice Hall, 1995. S. 108f.
102 Shakespeare, 2009. S. 46, V. 112-113.
103 Vgl. Suerbaum, 2007. S. 202.
104 Shakespeare, 2009. S. 54, V. 138-142.
105 Francesco Petrarca (1304-1374): Im Vordergrund der Dichtung Petrarcas stand die Verzweiflung über die nicht erwiderte Liebe zu einer Frau und deren Hochpreisung. Vgl. Tetzeli von Rosador, Kurt: Die nichtdramatischen Dichtungen. Petrarkismus. In: Shakespeare-Handbuch. Die Zeit- Der Mensch- Das Werk- Die Nachwelt. Hg. v. Ina Schabert. 5. Auflage. Stuttgart: Alfred Kröner Verlag, 2009. S. 576.
106 Vgl. Suerbaum, 2007. S. 203-204.

nicht erhört, himmelt sie aber weiterhin an und lamentiert ganz im Stil petrarkistischer Dichtung über sein Unglück.[107] Auf Benvolios Drängen hin begibt er sich mit auf das Fest der Capulets, der festen Überzeugung, nie wieder eine Andere lieben zu können. Doch es kommt, wie es kommen muss, er verliebt sich dort unsterblich in Julia – Rosaline ist vergessen.[108]

> *„Did my heart love till now? Forswear it, sight!*
> *For I ne'er saw true beauty till this night."*[109]

Eine unmögliche Liebe wandelt sich beim Blick auf Juliet zu einer möglichen, wieder typisch für die shakespear'sche Komödie.[110] Ein Handlungsstrang, der im Verlauf dann, nach einigen Abenteuern und Hindernissen zu Vereinigung der wahren Liebenden führen soll.

Das Verona, in dem die Fehde zwischen den Capulets und den Montagues stattfindet, ist der typische Startpunkt einer Komödie. Man wird gleich zu Beginn mit einer Gesellschaft konfrontiert, die von Bräuchen, ritualen Bindungen, tyrannischen Gesetzen und älteren Charakteren bestimmt ist. Die Fehde ist mehr ein mechanischer Reflex als tiefer Hass, der im Prolog so ominös beschrieben ist, aber als humoristisches Element präsentiert wird:[111] Die Dienerschaft der beiden Häuser provoziert sich gegenseitig mit obszönen Wortspielen und zwei alte Herren geifern nacheinander und die Frauen müssen sie zurück halten.[112] Dies wird in vielen shakespear'schen Komödien als Spannungselement benutzt. Die Fehde der Eltern ist das Hindernis, dass von außen auf die Liebenden einwirkt und welches sie überwinden müssen.[113]

Die Komödie beinhaltet stets die Möglichkeit Gesetze und Situationen zu umgehen, sie basiert auf dem Prinzip der Ausweichlichkeit. Dies birgt einen großen Handlungsspielraum und die Möglichkeit für ein „gutes Ende". Für die Geschehnisse ist immer unbegrenzt Zeit vorhanden.[114] Doch das Timing selbst muss dabei immer stimmen. Das gefährliche Abenteuer des Scheintodes und versprochener Wiederauferstehung beispielsweise, ist eine der ältesten und

---

107 Vgl. Shakespeare, 2009. S. 20, V. 160-238.
108 Vgl. ebd. S. 30, V. 91-92 u. S. 48f., V. 44-53.
109 ebd, S. 50, V. 52-53.
110 Vgl. Snyder, 1979. S. 60.
111 Vgl. Snyder, 1995. S. 107.
112 Vgl. Shakespeare, 2009. S. 12-14, V. 33-80.
113 Vgl. Snyder, 1979. S. 59.
114 Vgl. Snyder, 1995. S. 106

beliebtesten komischen Traditionen der englischen Bühnengeschichte. Shakespeare benutzt den Scheintod in zahlreichen Komödien, dabei werden Werte und Ausdauer der Heldin getestet und schließlich führen Glück und gute Eigenschaften immer zur Rettung.[115] Die List der jungen Liebenden gegenüber den Eltern ist ein traditionelles Motiv der Renaissancekomödie.[116]

Auch bei „Romeo and Juliet" besteht bis zum Tode Romeos noch die Hoffnung, dass Friar Laurence rechtzeitig erscheint, die Möglichkeit für ein glückliches Ende besteht also, doch stimmt in diesem Falle das Timing nicht, was zu einem tragischen Ausgang führt.

Die komischen Figuren

Die Charaktere von „Romeo and Juliet" gehören entweder dem niedrigen Adel oder deren Dienerschaft an. Diese sind nicht mit Kriegen und Politik, sondern eher mit Feierlichkeiten und dem Haushalt beschäftigt.[117]

Shakespeare setzt traditionelle Figuren ein, deren Beziehungen zueinander schon potentiell komisch sind: Das junge Paar, das sich entgegen aller sozialer Hindernisse ineinander verliebt, der halsstarrige, uneinsichtige Vater, die überfürsorgliche und geschwätzige Amme und der weise, manipulative Priester.[118] Die beiden Liebenden sind nach typisch komischem Muster gestrickt. Romeo, ein eleganter junger Mann aus gutem Hause, verträumt und unsterblich in eine Frau verliebt, die unerreichbar für ihn ist. Auf einem Fest verliebt er sich auf den ersten Blick in die Tochter der konkurrierenden Familie und schwört dieser bis an sein Lebensende Treue.[119] Juliet ist wunderschön, keusch und umworben von zahlreichen Männern. Es scheint, als habe sie etwas von der Charakterstärke der komischen Heldinnen in Shakespeares Komödien, die selbst die Fäden in die Hand nehmen. Die Frauen emanzipieren sich und sind oft handlungsbestimmend.[120] Juliet ist realitätsnah und weiß was sie will. Sie möchte sich beispielsweise nicht von Romeo in das petrarkistische Frauenbild

---

115 Vgl. Tuck-Rozett, 1985. S. 154.
116 Vgl. Mehl, Dieter: Die Tragödien Shakespeares. Eine Einführung. Berlin: Erich Schmidt Verlag, 1983. (Grundlagen der Anglistik und Amerikanistik; Bd. 13). S. 36-37.
117 Vgl. Snyder, 1979. S. 60.
118 Vgl. Tuck-Rozett, 1985. S. 155.
119 Vgl. Snyder, 1979. S. 60.
120 Vgl. Pfister, 2009. S. 381.

erheben lassen und hält ebenfalls nichts von romantischen Schwüren, die ebenso leicht wieder gebrochen, wie ausgesprochen werden können.[121]

> „O, swear not by the moon, th'inconstant moon,
> That monthly changes in her circled orb,
> Lest that thy love prove likewise variable."[122]

Sie denkt pragmatisch und treibt die Handlung in Richtung Hochzeit an. Ihre Charakterstärke wird nur überschattet von ihrer späteren Abhängigkeit zu Friar Laurence.[123] Dieser ist eine weise und wohlwollende Figur, die mit ihren manipulativen Mitteln versucht eine unlösbare Verbindung zwischen Romeo und Juliet zu erschaffen, um die Feindschaft der Familien zu beenden. Bei Laurence findet man Religiosität gepaart mit den Zügen eines Magiers.[124]

Solche Figuren findet man normalerweise nur in der Komödie, in der die Zukunft offen und veränderbar ist. Er ist eine in sich ruhende Person, die ihre Zeit benötigt, um alles zum Guten zu wenden.

> „Wisely and slow. They stumble that run fast."[125]

In der Komödie schafft es der Manipulator stets sein Ziel zu erreichen, weil für die Ereignisse in der Komödie unbegrenzt Zeit vorhanden ist und das Timing stimmt. Doch schafft es der Friar nicht, seine komischen Ursprünge zu vollenden.[126] Juliets Amme gehört ebenfalls zum komischen Personal. Sie ist eine geschwätzige Kupplerin und allein ihre deftige, prosaische Sprache erinnert an die volkstümliche Komödie des elisabethanischen Zeitalters.[127] Ihre Hauptbeschäftigung sind Haushalt und Erziehung. Sie sieht keine besondere Dringlichkeit in den Dingen, das einzig Wichtige scheint die Hochzeit ihres Schützlings zu sein – egal mit wem. Auch hier ist das typisch komische Element des Gemächlichen erkennbar, die Schwatzhaftigkeit und die Gemütsruhe der Amme deuten auf die unlimitierte Zeit der Komödie hin.[128] Mercutio stellt den typischen Clown der romantischen Komödie dar. Mit seinen eleganten,

---

121 Vgl. Tuck-Rozett, 1985. S. 155.
122 Shakespeare, 2009. S. 66, V. 109-111.
123 Vgl. Tuck-Rozett,1985. S. 156.
124 Vgl. Snyder, 1995. S. 110.
125 Shakespeare, 2009. S. 78, V. 90; Vgl. auch S. 98, V. 14-15.
126 Vgl. Tuck-Rozett, 1985. S. 156.
127 Vgl Shakespeare, 2009. S. 32-24, V. 18-49.
128 Vgl Snyder, 1979. S. 64.

geistreichen Wortspielen hebt er sich aus der Handlung hervor, um die idealistische Liebe mit seiner eigenen komischen weltlichen Gesinnung zu erklären.[129]

> „Romeo! Humours! Madman! Passion! Lover!
> Appear thou in the likeness of a sigh.
> Speak but one rhyme, and I am satisfied.
> Cry but 'Ay me!' Pronounce but 'love' and 'dove'.
> Speak to my gossip Venus one fair word,
> One nickname for her purblind son and heir,
> Young Abraham Cupid,[…]."[130]

Hier stellt er beispielsweise die Liebe als bloßes Klischee dar und macht sich durch den Vergleich Romeos mit dem halbblinden Cupido über Romeos blinde, bedingungslose Schwärmerei lustig. Mit seinem unendlichen Einfallsreichtum, seiner Vitalität und den daraus resultierenden schnellen Zügen und Gegenzügen innerhalb seiner Wortspiele, liefert er Alternativen zum tragischen Verlauf: Er ist nicht an Ereignisse gebunden, sie dienen ihm höchstens als Verbindung für seine Witze und er ignoriert jede Art von Dringlichkeit. Diese alternative Sichtweise, sowie das Element von Freiheit und Spiel sterben mit Mercutio zu Beginn des dritten Aktes.[131]

Die Tradition des Tragischen

Die elisabethanischen Dramen haben in ihrer Erfolgsgeschichte eine lange Entwicklungsphase hinter sich. Die einheimische Tradition des Volksschauspiels mischte sich mit den Einflüssen des lateinischen Dramas, woraus eine Fülle von Handlungsmustern und Präsentationsformen entstehen konnte.[132]

Wichtigstes Element einer Tragödie ist für die Elisabethaner der sogenannte „Fall of Princes". Dieser Begriff geht auf die Tragödienkonzeption des Mittelalters zurück: Aus den damals üblichen Handlungssträngen der „de casibus"-Tragödien, entwickelt sich dieses neue Konzept.[133] Prägende Beispiele

---

129 Vgl. ebd. S. 61-62.
130 Shakespeare, 2009. S. 58. V. 7-13.
131 Vgl. Snyder, 1979. S. 5.
132 Vgl. Weiß, 2009. S. 47.
133 Vgl. Baumann, 1998. S. 72.

dafür sind vor allem von Chaucer und Boccaccio, für die Tragödien Erzählungen sind, die vom Sturz eines Menschen aus Macht, Glück und Reichtum in Elend, Armut und Tod berichten. Verantwortlich für den Fall ist Schicksalsgöttin Fortuna, die mit ihrem Werkzeug und Symbol, dem „wheel of fortune" einem Menschen nach oben hilft, ihn aber auch schnell wieder nach unten bringen kann. Fortuna fungiert als Werkzeug göttlicher Gerechtigkeit: Die Großen fallen nur, wenn sie Schuld auf sich geladen haben. Dahingehend wird die mittelalterliche Konzeption durch eine didaktisch-moralische Funktion erweitert, denn die reinigende Wirkungsabsicht der Katharsis kennt die Tragödie des Mittelalters noch nicht. Fortuna wird oft auch als blinde Gewalt dargestellt, die aus reiner Willkür Menschen zu Fall bringt.[134]

Ein großer Einfluss geht aber auch von den römischen Tragödien aus, die grundsätzlich auf den antiken Traditionen der aristotelischen Poetik basieren.[135] Vor allem von Seneca lernen die englischen Dramatiker formale und sprachliche Techniken und lassen sich von den zum Teil sensationell-leidenschaftlichen Themen, wie Ehebruch, Kindsmord oder Inzest inspirieren.[136] Typische Elemente dieser Tragödien sind Geistererscheinungen und Botenberichte, sowie die stichomythischen Dialoge, die vor allem auch Shakespeare gerne benutzte. Sie wurden aber weniger zur Aufführung, sondern viel mehr zum Lesen verfasst, mussten also für die Dramatisierung von den englischen Nachahmern etwas modelliert werden. So wurden komische Einlagen eingefügt, woraus sich dann zahlreiche dramatische Mischformen ergaben. Bei der Gestaltung einer elisabethanischen Tragödie wurde dem Schriftsteller insgesamt viel Flexibilität und Freiraum gelassen. Der Grundtyp der Tragödie besteht aus einem Sturz aus sozialer Höhe mit tödlichem Ausgang, wovon ausgehend nun mehrere Varianten möglich waren: Die Figuren können auch niedriger situiert sein und die Handlung kann sich sowohl in einer privaten, als auch in einer öffentlichen Sphäre abspielen. Ebenfalls variabel lässt sich die Frage nach Schuld und Moralität des Helden stellen.[137]

Den elisabethanischen Schriftstellern gelang es dabei stets die vorbildliche Tragödienform der römischen Antike mit der eigenen volkstümlichen Tradition

---

134 Vgl. Suerbaum, 2007. S. 170.
135 Vgl. Gelfert, 2000. S. 47.
136 Vgl. Suerbaum, 2007. S. 174.
137 Vgl. Suerbaum, 2007. S. 174.

kunstvoll zu vereinigen.[138] Shakespeare experimentierte zu Beginn seiner Karriere oft mit verschiedenen Dramenformen, eines der Ergebnisse ist die Tragödie von Romeo und Julia.[139]

Analyse der tragischen Elemente in Shakespeares „Romeo and Juliet"

Der „Fall of Princes"

„Romeo and Juliet" ist nach dem klassischen Schema einer Tragödie aufgebaut: Beginnend mit der Exposition wird in die Handlung und die Problematik des Stücks- dem Streit zwischen den Familien- eingeführt. Es folgt das erste Treffen der jungen Liebenden auf dem Ball der Capulets, sie verlieben sich und heiraten kurz darauf, eine steigende Handlung also. Kurz darauf folgt schon die Peripetie, in Form von Mercutios und Tybalts Tod. Mit dem Scheintod Julias beginnt die fallende Handlung, die schlussendlich in der Katastrophe – dem Misslingen des Plans und dem Tod des Liebespaars- endet.[140]

Es wird außerdem eine der typischen Tragödienvarianten des elisabethanischen Zeitalters verwendet. Es handelt sich um den Sturz zweier Angehöriger des niederen Adels, die nicht wegen einer Charakterschwäche oder dem „Bösen", sondern auf Grund des unausweichlichen Schicksals zu Grunde gehen.[141] Shakespeare benutzt in jeder seiner Tragödien ein Fortuna-Konzept, doch stets unterschiedliche. In diesem Fall sind die Helden frei von Schuld, sie sind die „star-crossed lovers"[142], deren reine, unschuldige Liebe von einer launischen Fortuna verfolgt und das junge Paar schließlich in ihren Untergang geführt wird.[143]

Normalerweise determinieren Charaktere und Umstände das tragische Ende, doch obwohl auch in „Romeo and Juliet" die Figuren Schwächen aufweisen, rührt ihre Zerstörung nicht daher.[144] Man könnte Romeo als hitzköpfig und unbesonnen bezeichnen, der unüberlegt in einen Kampf einschreitet, damit den

---

138 Vgl. Weiß, 2009. S. 53.
139 Vgl. Mehl, 1983. S. 20.
140 Vgl. Koppenfels, Werner von: Die frühen Tragödien. In: Shakespeare- Handbuch. Die Zeit- Der Mensch- Das Werk- Die Nachwelt. Hg. v. Ina Schabert. 5. Auflage. Stuttgart: Alfred Kröner Verlag, 2009. S. 493f.
141 Vgl. Snyder, 1979. S. 66f.
142 Shakespeare, 2009. S. 8, V. 6.
143 Vgl. Suerbaum, 2007. S. 170.
144 Vgl. Snyder, 1979. S. 67.

Tod des Freundes verschuldet und diesen dann rächt und dies als Grund allen Übels bezeichnen; oder aber der Streit der Familien, der die beiden Liebenden zu Opfern der äußeren Umstände werden lässt.

Doch weisen mehrere Textstellen darauf hin, dass es sich beim Untergang von Romeo und Juliet um einen schicksalsbedingten handelt. Allen voran der berühmte Ausruf Romeos *„O, I am fortune's fool!"*[145]. Auch die zahlreichen Missverständnisse und missglückten Pläne von Friar Laurence weisen auf eine Schicksalstragödie hin – die jungen Liebenden werden zum Spielball Fortunas.

Mit dieser Liebesgeschichte und der Familienfehde wird ein eher privates Thema angesprochen, doch hat es auch öffentliche Ausmaße. Der Streit zwischen den Familien zieht weitere Bahnen als nur familiäre, die ständigen Auseinandersetzungen in der Öffentlichkeit stören die zivile Ordnung und das Leben der unbeteiligten Bürger. Die Liebe von Romeo und Juliet ebenfalls. Durch diese heimliche Verbindung, besteht Hoffnung auf eine friedliche Lösung des Konflikts zwischen beiden verfeindeten Familien, dass die Liebe die beiden Familien friedliche vereinigen könnte. Dies ist vor allem der Wunsch von Friar Laurence: Durch die Heirat erhofft er sich das Ende der Fehde.

*„For this alliance may so happy prove
To turn your households' rancor to pure love."*[146]

Shakespeare verbindet hier private Handlung und öffentliche Dimension miteinander.[147]

Die Zeit

Im Gegensatz zur Komödie, in der Zeit unbeschränkt zur Verfügung steht und keine große Rolle spielt, ist es in der Tragödie genau umgekehrt.

Die Zeit kann nicht verändert werden, sie verlangt Eile und die Ereignisse wiederholen sich nicht. Nach und nach bewegt sich der Held stetig auf sein unausweichliches Ende zu. Die Tragödie basiert auf dem Prinzip der Unausweichlichkeit.[148] Bei der Peripetie, dem plötzlichem Tod Mercutios, tritt

---

145 Shakespeare, 2009. S. 108, V. 136.
146 Shakespeare, 2009. S. 78, V. 87-88.
147 Vgl. Mehl, 1983. S. 32.
148 Vgl. Snyder, 1995. S. 106.

sie zum ersten Mal zum Vorschein und mit ihr der symbolische Tod der Komödie. Damit wird auch Romeo bewusst, dass ein unwiderruflicher Prozess begonnen hat:

> *"This day's black fate on more days doth depend.*
> *This but begins the woe others must end."*[149]

Mit diesem Satz, der zur Verdeutlichung noch mit einer Alliteration und einem Paarreim gekennzeichnet ist, wird ein erstes Zeichen gesetzt, dass eindeutig auf eine tragische Notwendigkeit hinweist: Romeos Zukunft ist determiniert, er muss Tybalt aus Rache töten, muss weglaufen. Er ist schlicht hilflos.[150] Unter dem Druck der Ereignisse wandelt sich die Fehde von einer Farce zum Verhängnis. Die Welt ist auf einmal voller Imperative: Friar John wird wegen der Pest zurückgehalten, der Apotheker muss Romeo gegen seinen Willen das Gift verkaufen. Dringlichkeit wird zur Norm. Die gemächliche Zeiteinschätzung von Friar Laurence und der Nurse stehen nun im Kontrast zu der des ungeduldigen Liebespaares, dem die Zeit der Gemeinsamkeit immer schneller davonläuft. Diese beiden komischen Charaktere haben in einer von Eile geprägten, neuen Welt keinen Platz mehr, was auch wieder eindeutig den tragischen Weitergang der Handlung markiert.[151]

Die tragischen Figuren

Die Welt von Romeo und Juliet ist zum größten Teil mit typisch komischen Charakteren besetzt. Die einzige Figur, der von Anfang an ein tragischer Anklang anlastet ist Tybalt: Er allein nimmt den Streit zwischen den Montagues und den Capulets richtig ernst. Sie bestimmt sein inneres Gesetz und ist der Antrieb seiner feurigen Natur. In dieser inneren Inflexibilität liegt ein potentiell tragischer Charakter. Er ist kein Bösewicht, sondern einzig und allein ein hitzköpfiger Streithahn, der fatalistisch und übertrieben idealistisch denkt.[152]

> *"Now, by the stock and honour of my kin,*
> *To strike him dead I hold it not a sin."*[153]

---

149 Shakespeare, 2009. S. 108, V. 119-120.
150 Vgl. Snyder, 1979. S. 62.
151 Vgl. Snyder, 1979. S. 63.
152 Vgl. ebd. S. 60.
153 Shakespeare, 2009. S. 50, V. 58-59.

Sein Fanatismus trennt ihn in Sprache und Handeln von den anderen Männern des Stückes ab. Sie benutzen entweder die der Sprache der lyrischen Liebe, die der geistreichen Späße oder die der freundlichen Konversation zu Hause. Er bleibt in dieser Gesellschaft außen vor.[154] Er selbst identifiziert sich mit dem Tod[155] und kann mit dem Wort Frieden nichts anfangen:

> „What, drawn, and talk of peace? I hate the word
> As I hate hell, all Montagues, and thee."[156]

Romeo dagegen scheint zunächst den typisch komischen Helden einer Komödie darzustellen. Der um seine Geliebte werbende, romantisch-liebende, jugendlich-naive Mann wandelt sich aber zu einer tragischen Figur. Nach dem Tod seines Freundes Mercutio, gerät er in einen tragischen Konflikt, da er entweder seinen alten Freund, aus Loyalität, rächen oder seiner Frau und nur deren Familie gegenüber Treue zeigen muss. Doch er spürt bereits, dass er keine andere Wahl hat als Tybalt zu töten. Zuvor sind Fehde und Streitereien zwischen den Familien für ihn unwichtig und ein Kampf vermeidbar, doch jetzt, nach dem Tod seines Freundes nicht mehr. Er übernimmt nun Tybalts Rhetorik von Ehre und Tod und tötet ihn:

> „Alive in triumph, and Mercutio slain!
> Away to heaven respective lenity,
> And fire-eyed fury be my conduct now!"[157]

Liebe und Tod

Die untrennbare Beziehung von Liebe und Tod ist die zentrale Thematik des Stückes. Schon der Prolog deutet unweigerlich darauf hin.

"The fearfull passage of their death-marked love"[158]

An zahlreichen anderen Stellen finden sich ebenfalls Vorausdeutungen auf die Verknüpfung von Liebe und Tod und das tragische Ende:

---

154 Vgl. ebd. S. 61.
155 Vgl. Shakespeare, 2009. S. 14, V. 66.
156 ebd. S. 14, V. 69-70.
157 Shakespeare, 2009. S. 108, V. 122-124.
158 Shakespeare, 2009. S. 8, V. 9.

Bereits im zweiten Akt ist Julia beispielsweise für Romeo zur bedingungslosen Hingabe und zur Preisgabe ihres Lebens bereit.[159]

> *„My bounty is as boundless as the sea,*
> *My love as deep. The more I give to thee,*
> *The more I have, for both are infinite."*[160]

Der Vergleich der Unendlichkeit und Tiefe des Meeres mit ihrer Liebe weist ebenfalls auf den Tod hin, genau wie die zahlreichen Metaphern des Blitzes[161], die einerseits auf die erfüllende, aber gleichzeitig vernichtende Kraft der Leidenschaft hinweisen. Die Frage nach dem Tod liegt in der ersten, mehr von komischen Elementen geprägten Hälfte, mehr im Verborgenen.[162] Der Umbruch zum tatsächlich Tragischen erfolgt zu Beginn des dritten Aktes, nach Mercutios und Tybalts Tod.

Die anschließende Verbannung Romeos scheint zunächst ein Zeichen für den Sieg des Todes über die Liebe zu sein, denn Romeo und Juliet setzen diese mit dem Tod gleich.

> *„Then 'banishèd' is death mistermed."*[163]

Die Anzeichen für den tödlichen Ausgang der Liebe häufen sich. Die Nacht, die auf Grund der Dunkelheit und Düsternis traditionell mit dem Tod assoziiert, dient beispielsweise als Beschützerin der Liebe, wenn Romeo und Juliet sich heimlich zur letzten gemeinsamen Liebesnacht treffen.[164]

Die Metaphern der Nacht und der Dunkelheit sind sehr präsent in diesem Stück. Die Liebe schöpft sowohl aus ihnen, als auch aus dem Licht der Sonne – ein Paradoxon, das sich in seiner Ambiguität durch das ganze Stück zieht. Die Aufmerksamkeit des Lesers wird durch die Gegenüberstellung von diesen Kontrasten darauf hin gelenkt. Leidenschaft und Hass, Liebe und Tod werden sich ständig gegenübergestellt.[165] Deutlich wird dies zum Beispiel in Romeos

---

159 Vgl. Geisen, 2009. S. 253.
160 Shakespeare, 2009. S. 68. V. 133-135.
161 Vgl. Shakespeare, 2009. S. 66. V. 118-120.
162 Vgl. Geisen, 2009. S. 253f.
163 Shakespeare, 2009. S.122, V. 20-21. Vgl. auch S. 138, V. 55-56.
164 Vgl. Geisen, 2009. S. 258.
165 Vgl. Bodwell Smith, Marion: Dualities in Shakespeare. Toronto: University of Toronto Press, 1966. S. 80 u. Kristeva, Julia: Romeo and Juliet: Love-Hatred in the couple. In: Shakespearean Tragedy. Hg. v. John Drakakis. London / New York: Longman Verlag, 1992. S. 305.

Traum, Julia würde ihn mit einem Kuss vom Tode erwecken und ihn zum glücklichsten Menschen der Welt machen.

> „[...]That I revived and was an emperor."[166]

Der Traum erfüllt sich, wenn auch indirekt, indem Juliet sich nach diesem Kuss das Leben nimmt. Die Beiden finden im Tod wieder zusammen: Die Liebe siegt über den Tod. Das Gift als herzstärkende Medizin trägt dazu bei die Liebenden für immer zu vereinen.[167]

> „Haply some poison yet doth hang on them
> To make me die with a restorative."[168]

Der Tod wird nicht negativ sondern positiv gesehen, mit einem Vergleich der Gruft mit einer Laterne[169] und ihrer Darstellung als „a feasting presence full of light"[170]. Die Dunkelheit des Grabs wird erhellt durch die Schönheit Juliets, sie scheint einen ungewöhnlichen Frieden über diesen eigentlich trostlosen Ort zu bringen.[171] Friar Laurence prophezeit ein Ende des Kampfes in der Vereinigung von Romeo und Juliet, doch erfüllt sich dies nur in der Umkehrung: Erst im Tod wird der Triumf der Liebe möglich.[172]

Fazit

Mischformen prägten das dramatische Schriftstellertum der gesamten elisabethanischen Zeit. Die Dichter schöpften aus einer unermesslichen Fülle von Einflüssen und so erscheint es selbstverständlich, dass auch Shakespeare nicht vor Experimenten mit verschiedenen Dramenformen Halt gemacht hat. Die Verbindung von komischen und tragischen Elementen ist nicht nur in „Romeo and Juliet" sichtbar, sondern auch in einigen anderen seiner Tragödien. Die sich

---

166 Vgl. Shakespeare, 2009. S. 178. V. 6-9.
167 Vgl. Geisen, 2009. S. 261.
168 Shakespeare, 2009. S. 196, V. 165.
169 Vgl. Shakespeare, 2009. S. 190. V. 84.
170 ebd. S 190. V. 86.
171 Vgl. Surgeon, Caroline: Shakespeare's Imagery and what it tells us. Cambridge: Cambridge University Press, 1993. S. 312.
172 Vgl. Geisen, 2009. S. 262.

kontrastierenden Haupt –und Nebenhandlungen, die possenhaften Episoden und der Wechsel der Sprachstile sind dabei ganz typisch für seinen Tragödienstil.[173]

Die komischen Zwischenspiele in „Romeo and Juliet" könnte man als „comic relief"[174] werten, doch scheint dies in Anbetracht des ganzen Dramas zu wenig. Durch die komischen Figuren werden die Wechselbeziehungen zwischen der Liebeshandlung und den komischen Nebenhandlungen verdeutlicht, sie dienen quasi zur erhellenden Kontrastierung.[175] Sie weisen außerdem Alternativen zum tragischen Ausgang des Stückes aus, wie beispielsweise Friar Laurence, der alles versucht die beiden Liebenden zusammen zu bringen. Am Beispiel der Nurse sieht man aber, dass sich diese Alternativen schnell erschöpfen. Juliet entfernt sich immer mehr von ihrer Amme, sie sprechen einfach nicht mehr die gleiche Sprache, was besonders deutlich wird, als sie Juliet rät Paris zu heiraten.[176]

Je unwichtiger die komischen Charaktere also werden, desto schneller schreitet die Tragik voran.[177] Bis zum Tode Mercutios folgt die Handlung einem typisch komischen Muster. Durch das Hervorrufen einer Welt, in der die Liebenden immer gewinnen und nichts endgültig ist, kann ein Dramatiker leicht falsche Erwartungen einer komischen Lösung streuen um den Fortlauf der Tragödie zu bestärken, in dem man sie in einen scharfen Kontrast zur Komödie setzt.[178] Die tragischen Elemente entwickeln sich aus den komischen heraus, so ist die Szene des Scheintodes und die darauffolgende Trauerszene komisch, geht aber auf Grund des schlechten Timings in die Tragödie über. Wegen eines Unglücks transformiert sich die Komödie in eine Tragödie und „Romeo and Juliet" sind Opfer dieser Richtungsänderung.[179]

---

173 Vgl. Pfister, 2009. S. 381.
174 Der sogenannte „comic relief" stellte im elisabethanischen Zeitalter ein wichtiges Mittel dar, um immer dann den Aufbau eines neuen Handlungsbogens zu ermöglichen, wo die Spannung einen nicht mehr steigerungsfähigen Punkt erreicht hat. Vgl. Gelfert, 2000. S. 65.
175 Vgl. Pfister, 2009. S. 381.
176 Vgl. Shakespeare, 2009. S. 150, V. 241.
177 Vgl. Snyder, 1995. S. 111.
178 Vgl. Snyder, 1979. S. 5.
179 Vgl. ebd. S. 57.

Mercutios Tod setzt den Beginn des Tragischen und den symbolische Tod der Komödie fest. Mercutio, der eine typisch komische Figur ist, provoziert auf Grund seiner vorlauten Art den tragischen Ausgang und entwickelt sich somit zum Paradoxon. Diese Mehrdeutigkeit macht die Tragödie von „Romeo and Juliet" aus. Die komischen Einwürfe wecken stets die Hoffnung, dass sich das, was der Chor im Prolog voraussieht, nicht bewahrheitet. Und genau darum wirkt dann der Umschwung von Komödie auf Tragödie so radikal. Durch die Hoffnung zunächst beruhigt, wird der Leser durch den plötzlich, tragischen Ausgang, schockiert.

Shakespeare scheint mit dieser Art der Tragödie das Mitgefühl des Publikums wecken zu wollen. Es muss mit ansehen, wie aus dem strahlenden Liebespaar, das sich aber in einer feindseligen und verständnislosen Welt nicht arrangieren kann, schließlich ein Opfer der Gesellschaft und des Schicksals wird.[180] Andererseits zeigt er auch, dass Liebe weit über den Tod hinausgeht. Den Überlebenden wird der Frieden geschenkt und die Liebenden sind im Tod vereint.

---

[180] Vgl. Geisen, 2009. S. 264f.

Literaturverzeichnis

Primärliteratur

Shakespeare, William: Romeo and Juliet. Hg. v. Herbert Geisen. Stuttgart: Reclam, 2009. (Reclams Universal-Bibliothek; Bd. 9942).

Sekundärliteratur

Baumann, Uwe: Shakespeare und seine Zeit. Stuttgart: Klett, 1998.

Bodwell Smith, Marion: Dualities in Shakespeare. Toronto: University of Toronto Press, 1966.

Geisen, Herbert: Nachwort. In: William Shakespeares "Romeo and Juliet". Hg. v. Herbert Geisen. Stuttgart : Reclam, 2009. S. 243-265. (Reclams Universal-Bibliothek; Bd. 9942).

Gelfert, Hans-Dieter: Shakespeare. München: Beck Verlag, 2000. (C.H. Beck Wissen in der Beck'schen Reihe; Bd. 2055).

Koppenfels, Werner von: Die frühen Tragödien. In: Shakespeare-Handbuch. Die Zeit- Der Mensch- Das Werk- Die Nachwelt. Hg. v. Ina Schabert. 5. Auflage. Stuttgart: Alfred Kröner Verlag, 2009. S. 485-492.

Kristeva, Julia: Romeo and Juliet: Love-Hatred in the couple. In: Shakespearean Tragedy. Hg. v. John Drakakis. London / New York: Longman Verlag, 1992. S. 296-314.

Mehl, Dieter: Die Tragödien Shakespeares. Eine Einführung. Berlin: Erich Schmidt Verlag, 1983. (Grundlagen der Anglistik und Amerikanistik; Bd. 13).

Pfister, Manfred: Die heiteren Komödien. In: Shakespeare-Handbuch.

Die Zeit- Der Mensch- Das Werk- Die Nachwelt. Hg. v. Ina Schabert. 5. Auflage. Stuttgart: Alfred Kröner Verlag, 2009. S. 376-382.

Snyder, Susan: Romeo and Juliet: Comedy into tragedy. In: Shakespeare's early tragedies. A collection of critical essays. Hg. v. Mark Rose. Englewood Cliffs: Prentice Hall, 1995. S. 106 –114.

Snyder, Susan: The Comic Matrix of Shakespeare's Tragedies. Princeton: Princeton University Press, 1979.

Suerbaum, Ulrich: Das elisabethanische Zeitalter. Durchges. und bibliogr. erg. Ausg.. Stuttgart: Reclam, 2007 (Reclams Universal-Bibliothek; 8622).

Surgeon, Caroline: Shakespeare's Imagery and what it tells us. Cambridge: Cambridge University Press, 1993.

Tetzeli von Rosador, Kurt: Die nichtdramatischen Dichtungen. Petrarkismus. In: Shakespeare – Handbuch. Die Zeit- Der Mensch- Das Werk-Die Nachwelt. Hg. v. Ina Schabert. 5. Auflage. Stuttgart: Alfred Kröner Verlag, 2009. S. 576-580.

Tuck-Rozett, Martha: The Comic Structures of Tragic Endings: The Suicide Scenes in Romeo and Juliet and Antony and Cleopatra. In: Shakespeare Quarterly, Bd. 2. Hg. v. Folger Shakespeare Library. Washington: George Washington University Press, 1985. S. 152-164.

Weiß, Wolfgang: Die dramatische Tradition. In: Shakespeare-Handbuch. Die Zeit- Der Mensch- Das Werk- Die Nachwelt. Hg. v. Ina Schabert. 5. Auflage. Stuttgart: Alfred Kröner Verlag, 2009. S. 47-68.

Love Concepts in William Shakespeare's *A Midsummer Night's Dream*

Sema Kara, 2012

Introduction

"The course of true love never did run smooth"[181] – this statement, made by the male protagonist Lysander in I,1 of *A Midsummer Night's Dream*, is arguably one of the most well-known lines from the play. In a nutshell, it represents its: the trials and tribulations of love; the obstacles young love has to overcome, the intrinsic complexities of established love, and the victory of true love in the end.

This paper aims to take a look at the way, how different stages of love and love concepts are represented in *AMD*. As Shakespeare is said to have written this particular early play between 1594 – 1596[182], a closer look will be taken at the conventions of love poetry in the literature of the Elizabethan age. The influence of the Italian Renaissance poet Petrarch's love poetry concept on Elizabethan love poetry conventions will be of special interest at this point.

Further on, Shakespeare's very own love concept in his romantic comedies will be compared and contrasted to the love poetry of his age. The late 16th century and early 17th century, from the 1690ies and particularly with the onset of the reign of King James I, brought about a change in the perception and creation of conventional Elizabethan love poetry: from the commonplace Petrarchan conceits to a more individual, realistic yet Puritan depiction of the praised woman[183]. With *AMD* being conceived in this particular time frame, possible reflections of this literary change of mind in the discussed play will be outlined in the analysis of this play.

Scholars argue, that *AMD* originally might have been written by Shakespeare for a noble wedding celebration[184], because of its lenght, the marriages at the end of the play and the different aspects of married life the play offers. The aspect of marriage and marital conventions in the Elizabethan age will be another point of analysis in this paper, determining whether Shakespeare stayed true or subverted common assumptions of married life at his age. The final analysis will try to

---

181 Shakespeare, William. A Midsummer Night's Dream. Complete Works of William Shakespeare. Ed. Alexander Burgess et al. Vol 1. Essen: Magnus Verlag, 2003. P. 218 – 42. All quotes from the play will be made following this edition and be referenced by "AMD + Act, Scene,Line"
182 It is virtually impossible to establish a precise date for the origin of AMD, thus the author has singled out the time span between 1594 – 96 for its date of origin. The following works cite the selected time frame as the possible date of origin: Warren, Roger. A Midsummer Night's Dream. London: Macmillan, 1983. P.11.; Holland, Peter. The Oxford Shakespeare. A Midsummer Night's Dream. Oxford: Clarendon Press,1994. P. 110; Halio, Jay L. A Midsummer Night's Dream.A Guide to the Play. Westwood: Greenwood Press, 2003. P.13.
183 Pearson, Emily Lu. Elizabethan Love Conventions.London: George Allen & Unwin Ltd, 1966. 233f.
184 Cf. Holland 111f.; Halio 13ff.

apply the aforementioned theoretical points to *AMD* and take a look at how marriage, love, and literary love concepts are represented by the respective couples in the play.

Love in Elizabethan Literature and Society

The Petrarchan Love Concept in Elizabethan Poetry

Elizabethan love poetry originated from several sources, among them "Chaucer's study of courtly love".[185] The most significant influence, however, can be traced back to the Italian love poetry of the 16th century, most notably the doctrine of the Italian Renaissance poet Petrarch. Petrarchism and its religious reverence of love and beauty that existed in 14th century Italy, has its origins in "medieval love poetry"[186]: love of God and the love of a lady were the major themes of medieval Provencal love poetry[187]. In those poems, the worship of the holy virgin was allegorically expressed by the love for a human woman, who was adorned with the pure beauty of nature and worshipped like a saint: "Petrarch effected the first major change in the spiritualization of love and beauty through his insistence upon the spiritual nature of woman's beauty."[188] She had to be pure, innocent and resistant to her lover's laments as consummation would actually ruin the ideal love[189]; thus, the stereotypical refusal of the subservient, noble lover is a quintessential part of the love poem. Petrarch's archetypal object of affection, Laura, is "kind in cruelty, quiet in scorn, chaste in anger, proud in humility"[190]; unapproachable, just as the Virgin Mary, forcing the lover to contain and sublimate his passion and feelings for her. The love for the saint-like woman was for Petrarch nevertheless no way to God, which is shown in Petrarch's repenting after Laura's death[191].

Later, this dichotomy of spiritual and mortal love is overcome by the Florentine Neo-Platonist: earthly love was first deemed a reflection of divine love, all the while acknowledging, that earthly love is not an end in itself and is a weakness

---

185 Pearson 298.
186 Goldstein, Neal L."Love's Labour's Lost and the Renaissance Vision of Love." Shakespeare Quarterly 25.3 (1974). 335 – 50. P. 336.
187 Cf. Goldstein 336.
188 Goldstein 339.
189 Cf. Goldstein 336.
190 Pearson 36.
191 Cf. Goldstein 337.

often to be encountered in the young; eventually, the Neo-Platonist Baldassare Castiglione declared that beauty is sacred, and that love that strives for it, is heading towards divine and thus young sensual love can be forgiven.[192] Hence, the platonic admiration of the beloved as a creature of divine beauty was cemented as the major theme for Petrarchan love poetry.

Petrarch determined the sonnet as the common form of his love poetry, along with investing it with special vocabulary and conceits that referenced images and phenomena of nature[193]. Petrarchism was first adopted and introduced to the Elizabethan court by the English Renaissance poet Sir Thomas Wyatt[194], fusing Petrarchism and Florentine Neo-Platonism in Elizabethan courtly love poetry[195]. The English Petrarchs however exaggerated the embroidering of verses and conceits, until the love sonnets were nothing more than stock conceits of love poetry, showing off the mastery and weakness for superficial appearance of their creators.[196] This tendency eventually led to the effacement of Petrarch's original pious art and gave way to common way tropes and embellished verses. Wyatt "ignored the beauty of his lady and the setting of Nature"[197], forfeiting originality in the process; the creation of the most exquisite form, the most extraordinary, far-fetched conceits and the most lamentable lover reign supreme in his poems. The 1690ies and the onset of King James I rule in 1603 brought about – among social, economic and religious turmoil – a change from Petrarchism to radical anti-Petrarchism. Whereas Queen Elizabeth strengthened the prestige of women during her reign and strove to make the Petrarchan reverence of woman the predominant attitude towards females among her people[198], King James rejected Petrarchan conventions as flamboyant artificiality[199]. More and more poets turned to his puritan and misogynist views and depicted women as voluptuous, dangerous seductresses[200]. The anger and disgust of the poets at the over – idealization of women and the discrepancy between ideal love and experienced love was due to the emotional turmoil of the

---

192 Cf. Goldstein 337f.
193 Cf. Pearson 33.
194 Cf. Pearson 57ff.
195 Cf. Goldstein 339.
196 Cf. Pearson 40f.
197 Pearson 62.
198 Cf. Pearson 232.
199 Cf. Pearson 233ff.
200 Cf. Pearson 235.

sudden end of Elizabeth's reign[201]. Petrarchan love poetry that praised women, died during King James I's strict reign.

Marital Conventions in Elizabethan Society

Elizabethan love poetry followed a strict code of love that included service to the lady, modesty when articulating love for the lady, and cautiousness as well as discretion in matters of the heart.[202] The institution of lived love, marriage, was just as regulated as love poetry and considered too valuable to just be a matter of mutual affection and attraction. Both in Elizabethan and Jacobean age, the family was the most significant institution in the lives of the English people[203]. It constituted the financial, social and economic core of society and represented the point of recreation, which was the purpose of every marriage[204]. The households were organised around the patriarch of the family, investing the father with absolute power. He had the ultimate say in any matter, whereas the female members of a family were deemed inferior, always under their men no matter what rank or financial standing. To be worthy and respected in society, they had to strive for virtues, the most important among them being chastity[205] – adhering to the convention of Petrarchan love poetry that the beloved woman had to be demure and innocent. The powerless state of women in Renaissance England was expressed by the key term *body enclosed*, which described both the power of the patriarchal policy over the woman and their being trapped in their respective social positions[206]. Consequently, women had no say in choosing their husbands.

Gender and generational problems especially ensued when it came to marriages. Although the contemporary ideal of the basis of a marriage was in both high and low classes multilateral consent[207], family involvement in marriage could vary; often, the parents asserted their right to choose a partner for their children[208]. Lower classes still had more say as they usually got married at an older age or

---

201 Cf. Pearson 202.
202 Cf. Pearson 53.
203 Cf. Ingram Martin: "Love, Sex and Marriage".Shakespeare. An Oxford Guide. Ed. Lena Cowen Orlin and Stanley Wells. Oxford: Oxford University Press, 2003. 114 – 25. P.114.
204 Cf. Ingram 114.
205 Cf. Traub, Valerie. "Gender and Sexuality in Shakespeare." The Cambridge Companion to Shakepeare. Ed. Margreta de Grazia and Stanley Wells. Cambridge: Cambrige University Press, 2001. 129 – 46. P. 130.
206 Cf. Traub 131.
207 Cf. Ingram 119.
208 Cf. Ingram 120.

far away from parents[209]. Higher classes tended to see marriage more as a business than a union of two kindred spirits, as it was the fathers' duty to get spouses for their children and secure their financial and social future. It was expected that the children would willingly agree to their parents choices, but some rebelled and eloped[210]. Pre-marital resistance was advantaged by church law that claimed that both parties had to consent and that parentally coerced marriage was not valid[211]. As arranged marriages were nevertheless a common practice, cases of clandestine marriages of eloped couples marrying at night time are reported. Often, these couples found themselves in a predicament: their marriages were binding and valid by church law, but their union was a contravention against royal law. Another way of somewhat securing a freely selected partner was to lead enduring negotiations with the respective parents, witnesses and the procurement of marriage tokens before the actual marriage by the girl and boy that intended to get married[212]. Despite the plethora of marriage models, laws of marriage in England were never clarified in as in the rest of Europe in the 16th century – instead, ecclesial safeguards were introduced to guarantee the solemnization of the marriage bond, which however did not lead to the aspired re-structuring of marriage formations[213].

Shakespeare's Depiction of Marriage and Love in his Romantic Comedies

Shakespeare is nowadays known as the most significant Elizabethan playwright, although his initial fame was due to his success as a love poet[214]. A contemporary to both Elizabethan and Jacobean society, was Shakespeare affected from the change of the cultural perception of love poetry? Or more precisely, can the change of direction from Petrarchism to anti-Petrarchism be witnessed in his romantic comedies as well, or did he present his own take on love conventions in his plays?

"The subject matter of Shakespearean comedy is society or, more precisely, man and woman in their social relationships. [...] [T]he young in these plays fall in

---

209 Cf. Sokol, B.J., Mary Sokol. Shakespeare, Law, and Marriage. Cambridge: Cambridge University Press, 2003. P. 30.
210 Cf. Sokol 30.
211 Cf. Sokol 31.
212 Cf. Ingram 117.
213 Cf. Ingram 117.
214 Cf. Kinney, Arthur. The Oxford Handbook of Shakespeare. Oxford: Oxford University Press, 2012. P. 328.

love, woo, and marry."[215] Marriage, the troubles of love and the nature of true love are stock themes of Shakespeare's romantic comedies, the first of them being the early plays *"The Two Gentlemen of Verona, The Taming of the Shrew* and *The Comedy of Errors"*[216]. The significance of marriage in English Renaissance society is mirrored in his comedies, where often the marriage celebration of the couples at the end of the play represents the re-instalment of harmony into society as a whole, thus presenting marriage as the glue that holds society together[217], like in *Twelfth Night, Much Ado about Nothing* or *A Midsummer Night's Dream*. Incorporating the contemporary ideal of a multilaterally consensual marriage, "marriage by mutual consent is a common theme in his plays".[218] Nevertheless, another structure can also be found in his play which makes the marriage at the end seem all the more desirable and effective: the young heroes have one parent – often the patriarchal father – that wants to assert their parental power on their children, which is often expressed through the marriage with an arranged partner[219]. This in turn often leads to the dramatization of the practice of clandestine marriages where the young couples elope and get married in a parallel *green world*[220]: the symbolic journey of the couples, often during the night time, leads them to a parallel society in natural surroundings far away from the city – much like the fairy woods in *AMD* – where the patriarchal doctrine is suspended and a "healthy confusion of values and relationships occur, leading to a restoration of community or harmony."[221]

The abovementioned themes fit well in with the overall tradition of romantic comedies. On the one hand, the term *romance* evokes images of "travel and adventure"[222] of the young lovers, along with erotic relationships and confusion[223]. The genre term *comedy*, on the other hand, promises a humorous

---

215 Levin, Richard A. Love and Society in Shakespearean Comedy. A Study of Dramatic Form and Content. Newark: University of Delaware Press, 1985. P. 13.
216 Wells, Stanley. The Cambridge Companion to Shakespeare Studies. Cambridge: Cambridge University Press, 1985.P. 104.
217 Cf. Salingar, Leo. Shakespeare and the Traditions of Comedy. Cambridge: Cambridge University press, 1974. P.17.
218 Sokol, 19.
219 Cf. Griffin, Alice. Rebels and Lovers.Shakespeare's Young Heroes and Heroines. A New Approach to Acting and Teaching. New York: New York University Press, 1976. P. IX.
220 Carroll, William C. "Romantic Comedies." Shakespeare. An Oxford Guide. Ed. Lena Cowen Orlin and Stanley Wells. Oxford: Oxford University Press, 2003.175 – 85. P. 179.
221 Carroll 179.
222 Kinney 303.
223 Kinney 304.

handling of the situation, a peaceful resolution of the erotic conflict and a reunion of the parties by marriage or reconciliation.[224]

On the level of literary style and language, Shakespeare's romantic comedies stood out as well. Compared to contemporary playwright Christopher Marlowe, whose "discourse of love was pronounced in the language of power relations"[225], Shakespeare introduced a colloquial, yet lyrical style in his dramas that radically broke with the predominant elaborate, *violent* style and marked his idiosyncratic insertion of love poetry in his comedies.[226] Not only did he put lyrical parts next to prose parts in his romantic comedies, but also managed to mix genres: as the lamentable, Petrarchan lover and the silent, demure woman do not necessarily fit in with the comedic context: tragic elements were also to be found in his comedies, along with his creation of new archetypes for those[227]. An apt example might be the two protagonist of *The Taming of the Shrew*: Petruchio, a noble man from Verona, does not adhere to the courtly principle of the suffering lover, but instead is represented as an active character. Katherine, his soon-to-be-woman, does not willingly accept the courtship of Petruchio, but instead rebels and is very unlike the demure, chaste archetype of Petrarchan women. The characterization of Katherine is particularly useful in singling out anti-Petrarchan tendencies in Shakespeare's romantic comedies, as she can be considered the opposite of the silent beloved. Nevertheless, the misogynistic tendencies of anti – Petrarchism can also be witnessed in her character, as in the end her free-spirited rebellion is silenced down by the male protagonist. Like in *The Taming of the Shrew*, where the lover does not admire silently; Shakespeare's heroines are not silent either, but voice their opinions courtship and the complexities of human relationships[228], like Helena in *AMD*. This meta-dramatical, self-conscious trait of his female protagonist further professes Shakespeare's anti-Petrarchism, he even satirizes Neo-Platonist and Petrarchan conventions and conceits in his comedies as well as in his sonnets – the most distinct and explicit of all being his sonnet 130, "My mistress' eyes are nothing like the sun", which openly subverts Petrarchan conceits and parallels them with a realistic depiction of women. Despite the sometimes subtle, sometimes pronounced satire of Elizabethan love conventions in his romantic comedies,

---

224 Cf. Kinney 304.
225 Kinney 329.
226 Cf. Kinney 329.
227 Cf. Kinney 329.
228 Cf. Kinney 329.

Shakespeare never uses satire for satire's sake: throughout his comedic work, it is merely a means to dramatize the topic of romantic love – which is the true subject-matter of his romantic comedies[229]. Although the overall tone of Shakespeare's comedies is anti – petrarchic, some traits of the omnipresent Petrarchism surrounding the author's literary world can be found in his work: in Neo-Platonist fashion, passion expressed by metaphors of natural phenomena, the magnificence of natural love is stressed and eventually leads to a rightful marriage and the couples flee into nature to live come to terms with their desires and amorous experiences[230].

William C. Carroll has noted in his essay on Shakespeare's romantic comedies, that they are very different from one another, so it is important to have one general concept that binds them[231]: on a stylistic level, mixing Petrarchan conventions and subverting them by means of satire, along with the inclusion of lyrical passages; on the level of structure and content, the patriarchal doctrine is challenged, the young lovers encounter difficulties on their way to true love, the lovers subsequently flee and undergo a maturation on their journey, and the final marriages re-introduces harmony into the topsy-turvy world.

Representations of Love and Marriage in A Midsummer Night's Dream

"Shakespeare's plays are full of doctrinal statements about the nature of love and how love operates."[232] The nature of love in his romantic comedies is benign and optimistic, with multiple marriages at the end and a happy ending. One of the plays in which this principle is demonstrated best, is *A Midsummer Night's Dream*. Staying true to its theme that the way to true love is paved with obstacles and difficulties, the play depicts different stages of love via its four central love couples: the rulers of Athens, Theseus and Hippolyta, as well as the fairies Oberon and Titania represent "mature love"[233] and the complexities married life entails. The concept of mature love serves as a reference point to the

---

229 Cf. Goldstein 336.
230 Cf. Pearson 298.
231 Cf. Carroll 117.
232 Charney, Maurice. Shakespeare on Love and Lust.New York: Columbia University Press, 2000. P. 27.
233 Griffin 1.

contrasted two young couples – Hermia and Lysander, Helena and Demetrius[234] – that embody the fickleness and confusions of young, inexperienced love, but in the end get married to their lawful partners[235]. One of the themes of the play, which on the level of plot and structure sets the play rolling and on an allegorical level puts the play in the broader context of Elizabethan societal structures, is the motif of parental authority versus young love[236]. As mentioned in the previous chapter, arranged marriages used to be a commonplace among gentry and nobility, and the option of romantic love was almost only available to the lower classes. The father reigned supreme in the patriarchal society, considering his children his rightful possessions that needed his permission to get married.

Thus Egeus' wish to punish his daughter for not wanting to marry Demetrius was considered a normal reaction to Elizabethan audiences. However, by choosing to let Hermia rebel against her father's wishes, Shakespeare sets boundaries to her father's power and shapes the frame narrative for the plot of *AMD* by exploring Hermia's and Lysander's options after refusing to accept Egeus' will.

It is evident that Shakespeare is in his romantic comedies an advocate of romantic love, and seeks to paint a harmonic picture of the couples of his play: in the end, every character is coupled with another one that is similar in social rank and experience[237].

In the case of Theseus, the ruler of Athens, and Hippolyta, his betrothed and former queen of the Amazons, this is true even from the beginning of the play. Theseus and Hippolyta represent mature love, and the play opens with the couple approaching marriage. Hippolyta embodies the Shakespearean romantic heroine, as she shows levelheadedness when replying to her impatient fiancé that the time until their marriage will pass soon enough[238]. But she also acknowledges the mysteries of love and realizes that the experience of true love can change a young couple.[239] Theseus, on the other hand, is portrayed as a

---

234 Nicklas, Pascal. "Transformation and Creation: Shakespeare's A Midsummer Night's Dream, Ovid's Metamorphoses and Canetti's Theoretical Work." Elizabethan Literature and Transformation. Ed. Sabine Coelsch – Foisner. Tübingen: Stauffenburg Verlag, 1999. 41 – 56. P.44
235 Cf. Nicklas 43.
236 Kullmann, Thomas. William Shakespeare. Eine Einführung. Berlin: Erich Schmidt Verlag, 2005.P. 105.
237 Cf. Traub 134.
238 Cf. AMD I,1,6f.
239 Cf. AMD V,1, 23 – 27.

rationalist, positivist ruler who condemns everything that does not fit his rational, almost narrow-minded world view – especially when it comes to the experience of love[240]. On the outside, it may appear that Theseus and Hippolyta complement each other perfectly and have everything they need to lead a satisfying marriage: "physical desires and their fulfilment"[241] and "an everlasting bond of fellowship"[242]. Their anti-Petrarchan love relation that is focused on the consummation of love seems realistic, plausible and naturally falling into place. Eventually, the experience of true love makes Theseus even changes the Athenian law, so that the thwarted lovers Hermia and Lysander can get married. Nevertheless, one has to consider the circumstances, under which his imminent wedding came about: he "woo'd [Hippolyta] with [his] sword"[243], namely in the battlefield. The language of war fits in with the Petrarchan idea that the beloved has to be conquered[244], and the fact that Theseus actually defeated Hippolyta to make her his wife proves that her love for him might in fact be coerced and violently brought about by Theseus to exert his male dominance. Hippolyta, his future wife and former ruler of the Amazons, seems to have found a way to see past Theseus' flaws and her injuries – a sign of her true love for him[245]. But the former Amazon is at the Athenian court stripped of her former glory and strength, now merely a demure and suppressed accessory to her conqueror. One has to wonder at this point, how true a coerced love can really be. The situation in which Hippolyta finds herself in at the Athenian court, might be seen as an allegory on the lives of many young lovers in Elizabethan society: the patriarchal father – here embodied by Theseus – chooses the spouse for his child, embodies by Hippolyta. This potentially tragic situation is still happily resolved in *AMD*, given that it is a comedy and it has to follow certain ground rules. But would this constellation also work out in real life? Would Hippolyta still love Theseus, if he did not force her to become his wife? Even in the comedy, one can find a subtle hint that this might in fact not be the case: during their dialogue at I,1, 1-11 when Theseus tells her about his impatience regarding the wedding, she admits that their wedding date approaches to quickly

---

[240] Cf. Shaughnessy, Robert. The Routledge Guide to WILLIAM SHAKESPEARE. London: Routledge, 2011. P. 130 ; Cf. AMD V,1,1ff.
[241] Stansbury, Joan. "Characterization of the Four Young Lovers in 'A Midsummer Night's Dream'." Shakespeare Survey 35 (1982). 57 – 63. 57f.
[242] AMD I,1,85.
[243] AMD I,1,16.
[244] Shaughnessy 130.
[245] Cf. Stansbury 57.

for her, not mimicking his lyrical and elaborate language and repeating his formula "four *happy* days", but only responding with a short sentence that pragmatically states the time span up to their wedding as "four days". Obviously, Hippolyta does not share Theseus' excitement over the impending marriage and seems to ignore his sexual longings, as she – via the female imagery of the moon – is compared to an old woman, "withering out a young man's *[Theseus', t.a.]* revenue"[246]. This instance shows clearly, that Theseus and Hippolyta are not on the same page when it comes to their respective expectations and images of a fulfilling partnership. Arguments and differences of opinion are not a rarity in love relationships – especially in the stressful couple of days that lead up to a wedding date -, but given their mutual history, one cannot but wonder if behind the calm, serene façade of Hippolyta traces of the man – defying Amazon still hide, if she in fact maybe even loathes Theseus. The different stage representations of Hippolyta over the years emphasise her facetted character: from the "calm, perfect queen, to a raged animal in a cage"[247].

The second mature couple in the play consists of the rulers of the fairy world, Titania and Oberon. They symbolize established marriage life and the troubles of it, painting a "discouraging"[248] picture of marriage, given the fact that Titania has even "forsworn his *[Oberon's, t.a.]* bed and company."[249] Their relationship is about petty power struggles, with Oberon trying to either suppress his wife Titania by taking her Indian changeling away from her[250] or humiliate her by chemically manipulating her into mating with an animal and committing sodomy[251]. Oberon and Titania are considered doubles of Theseus and Hippolyta, living out their strange desires and hidden character traits in the enchanted fairy world during night time[252]. This is especially clear with Oberon and Theseus, who both suppress their wives and try to dominate them by emasculating them. The dark sides of love, lived out by Oberon and Titania, show the destructive power of this particular emotion.

---

[246] AMD I,1, 5
[247] Holland 51.
[248] Griffin 1.
[249] AMD II,1,62.
[250] AMD II,1 ,120f.
[251] Cf. AMD IV,1, 73ff.
[252] Cf. Charney 31.

However, Theseus rightly realizes that love makes lovers also see things that reason can never grasp[253]. Especially for the young couples, the journey into the fairy woods procures new knowledge about love and the troubles of love life[254]. In the fairy woods, or the *green world*, the laws of the Athenian courtly life do not apply anymore, regulations are breached[255] and gender roles are subverted: the place is dominated by the typically female moon imagery, but in the green world female fickleness is aligned with the male protagonists Lysander and Demetrius[256], while the female characters Hermia and Helena stay faithful to their loved ones, much like the Petrarchan lover. Consequently, the subversion of gender roles brings also the subversion of Petrarchan conventions about.

The four young lovers Hermia, Lysander, Helena and Demetrius represent young love in general, although they are all endowed with distinctive attitudes towards love and marriage that reflect the different opinions in Elizabethan society concerning those topics.[257] The four display the fickleness of love and the dangers of unrequited desires, which they leave behind after their night in the fairy world and decide rightly upon their partners. Their symbolic journey can be seen as an allegory on the initiation rite that every human being has to go through when growing up and learning about the complexities of love[258].

The four lovers are coupled in two pairs, namely Hermia/Lysander and Helena/Demetrius. Although thwarted by Hermia's father Egeus, the love between Hermia and Lysander is truthful, mutual and hopeful; they are the "true lovers"[259] of the play, which is also proven by their harmonic communication: they finish each other's sentences[260] and seem to know one another inside-out. Hermia is the faithful and devoted lover that fights passionately for her true love Lysander. Her love is permanent and goes beyond appearances, as true "love looks not with the eyes, but with the mind"[261], as her friend Helena notes. The short infatuation that Lysander goes through in the fairy woods by means of the magic love potion consequently is based on superficialities and expressed by

---

253 Cf. AMD IV,I, 4-8
254 Cf. Nicklas 42.
255 Cf. Ingram 179.
256 Cf. Smith, Emma. The Cambridge Shakespeare Guide. Plots, Characters and Interpretations. Cambridge: Cambridge University Press, 2012.P. 130.
257 Cf. Stansbury 57.
258 Cf. Nicklas 43.
259 Stansbury 62.
260 Cf. AMD I,1, 134 – 40.
261 AMD I,1, 234.

Petrarchan conceits[262]. The love potion, given to the male lovers by Oberon's right hand Puck, produces "love-madness"[263] that makes people act irrational, but also helps the lovers find their right partners after the effects of the potion have disappeared. Thus, the potion guarantees both disorder and the subsequent re-established order[264].

Hermia is spared from the effects of the fairy love potion[265] and does not waver from her object of affection, all the while abiding by the Petrarchan rules of chastity when in the woods with Lysander. Lysander, however, does not represent the typical Petrarchan lover, he is neither lamentable nor does he admire Hermia from afar: "Then by your side no bed-room me deny, [f]or lying so, Hermia, I do not lie."[266] After having been given the fairy love potion though, Lysander turns into a parody of the Petrarchan lover: he addresses Helena with conceited love vows and suffers theatrically when she will not respond adequately – Shakespeare's way to heap ridicule upon traditional love conventions[267].

Helena and Demetrius are the counterpart to Hermia and Lysander. Both love the one who hates them – Demetrius wants Hermia, Helena wants Lysander – but whereas Demetrius acts on the whim of Hermia's father without any sign of a self-conscious, self-determined will, Helena is at least constant in her affection. In contrast to the tradition of her name, Helena is in *AMD* not the ultimate object of affection in the play. Living in the shadow of her friend Hermia, she experiences love second-hand – a perspective which leads her to an obsession with physical pain and humiliation[268], e.g. when describing herself as a loyal dog[269]. Helena is only loved by Demetrius after he has taken the love potion and stays enchanted, thus being the real tragic figure in the comedy, not "worthy" of true love; this is also the way she sees herself as well, much like the stereotypical subservient, lamentable Petrarchan lover.

Demetrius is the character that embodies Petrarchan conventions the most in the play, although clearly in an exaggerated, ridiculous way, acting as a vehicle for

---

262 Cf. AMD II,2,111 – 22.
263 Lyons, Charles R. Shakespeare and the Ambiguity of Love's Triumph. Studies in English Literature. Volume LXVIII. The Hague: Mouton & Co. N.V., Publishers, 1971. P. 27.
264 Cf.Lyons 27.
265 Cf. AMD III,2,2f.
266 AMD II,2,51f.
267 Charney 22.
268 Cf. Stansbury 62.
269 Cf. AMD II,1 203-7.

Shakespeare's satire of Petrarchism. Expressing himself in elaborate conceits[270], his stereotypical statements lack any real emotion, which is also evident in his indifference towards the female characters: he loved Helena first, but claims to be in love with Hermia when Hermia's father wants him to marry her. His love is childish and superficial, more doting than really loving[271]. While the others affected by the love potion – Lysander and Titania – love dotingly like Demetrius without the potion, the fairy magic produces the opposite in Demetrius: he gains new insights into his emotions, stays in love with Helena and even calls his doting for Hermia a childish mistake[272].

Conclusion

> "The play has been admired for the precision of its plotting, the juxtaposition of broad comedy and delicate lyricism [...] and it has been mined for evidence of its implication within darker Elizabethan fantasies of sex and power, race and empire."[273]

It has become evident that Shakespeare both makes use of and satirizes Petrarchan love poetry and Elizabethan marital conventions in *AMD*. By incorporating the partly complementary, partly contradictory assumptions about love and marriage in the English renaissance in his protagonists, he shows how complex and multi-facetted love is in reality. On the surface entertaining its audience with an amusing plot and a satisfying happy ending, the play functions in fact as a mirror to human behaviour and the follies human beings commit out of love.

Marriage and love relationships were considered sacrosanct institutions in Shakespeare's day and age, forged by destiny and meant to last a whole life long. By displaying the fickle and playful sides of love in *A Midsummer Night's Dream,* Shakespeare manages to show that love and marital life do not adhere to a set of stock themes, rules and regulations, but that – like Shakespeare – one has to find their own distinct way to handle them.

---

270 Cf. AMD III,2 138-44.
271 Cf. AMD I,1, 230
272 Cf. AMD IV, 1, 165
273 Shaughnessy 129.

Works Cited

Primary Literature

SHAKESPEARE, William. *A Midsummer Night's Dream. Complete Works of William Shakespeare.* Ed. Alexander Burgess et al. Vol 1. Essen: Magnus Verlag, 2003. P. 218 – 42.

Secondary Literature

CARROLL, William C. "Romantic Comedies." Shakespeare. An Oxford Guide. Ed. Lena Cowen Orlin and Stanley Wells. Oxford: Oxford University Press, 2003. 175 – 85.

CHARNEY, Maurice. Shakespeare on Love and Lust. New York: Columbia University Press, 2000.

GOLDSTEIN, Neal L. "Love's Labour's Lost and the Renaissance Vision of Love." Shakespeare Quarterly 25.3 (1974): 335 – 50.

GRIFFIN, Alice. Rebels and Lovers. Shakespeare's Young Heroes and Heroines. A New Approach to Acting and Teaching. New York: New York University Press, 1976.

HALIO, Jay L. A Midsummer Night's Dream. A Guide to the Play. Westport: Greenwood Press, 2003.

HOLLAND, Peter. A Midsummer Night's Dream. The Oxford Shakespeare. Oxford: Clarendon Press, 1994.

INGRAM, Martin. "Love, Sex and Marriage." Shakespeare. An Oxford Guide. Ed. Lena Cowen Orlin and Stanley Wells. Oxford: Oxford University Press, 2003.114 – 26.

KINNEY, Arthur F. The Oxford Handbook of Shakespeare. Oxford: Oxford University Press, 2012.

KULLMANN, Thomas. William Shakespeare. Eine Einführung. Berlin: Erich Schmidt Verlag, 2005.

LEVIN, Richard A. Love and Society in Shakespearean Comedy. A Study of Dramatic Form and Content. Newark: University of Delaware Press, 1985.

LYONS, Charles R. Shakespeare and the Ambiguity of Love's Triumph. Studies in English Literature Volume LXVIII. The Hague: Mouton & Co. N.V., Publishers, 1971.

NICKLAS, Pascal. "Transformation and Creation: Shakespeare's A Midsummer Night's Dream, Ovid's Metamorphoses and Canettt's Theoretical Work." Elizabethan Literature and Transformation. Ed. Sabine Coelsch-Foisner. Tübingen: Stauffenburg Verlag, 1999. 41 – 56.

PEARSON, Lu Emily. Elizabethan Love Conventions. London: George Allen & Unwin Ltd, 1966.

SALINGAR, Leo. Shakespeare and the Traditions of Comedy. Cambridge: Cambridge University Press, 1974.

SHAUGHNESSY, Robert. The Routledge Guide to WILLIAM SHAKESPEARE. London: Routledge, 2011.

SMITH, Emma. The Cambridge Shakespeare Guide. Plots, Characters and Interpretations. Cambridge: Cambridge University Press, 2012.

SOKOL, B.J., Mary Sokol. Shakespare, Law, and Marriage. Cambridge:Cambridge University Press, 2003.

STANSBURY, Joan. "Characterization of the Four Young Lovers in 'A Midsummer Night's Dream'." Shakespeare Survey 35 (1982): 57 – 63.

TRAUB, Valerie. "Gender and Sexuality in Shakespeare." The Cambridge Companion to Shakespeare. Ed. Margreta de Grazia and Stanley Wells. Cambridge: Cambridge University Press, 2001.129 – 46.

WARREN, Roger. A Midsummer Night's Dream. Text and Performance. London:Macmillan, 1983.

WELLS, Stanley. The Cambridge Companion to Shakespeare Studies. Cambridge: Cambridge University Press, 1986.

Shakespeares *Macbeth* – Historische Fakten und Hintergründe

Ralf Käcks, 1998

Einleitung

In meiner Arbeit zu den historischen Fakten und Hintergründen in Macbeth möchte ich nicht die Geschichte des Dramas beleuchten, sondern die geschichtlichen Grundlagen, auf denen das Stück beruht untersuchen.

Hierbei sind zum einen die Personen zu berücksichtigen, die Shakespeare in seinem Werk als *dramatis personae* auftreten lässt. Ich will exemplarisch für die Hauptpersonen Duncan und Macbeth versuchen ihre geschichtlich belegbaren Realpersonen zu skizzieren und schließlich vergleichen, ob und, wenn dies der Fall ist, warum es Unterschiede gibt, bzw. ich will dann darstellen inwieweit Shakespeare eine abgewandelte Darstellung gewählt hat.

Weiterhin ist in diesem Zusammenhang eine allgemeine Darstellung der für das Stück relevanten geschichtlichen Ereignisse und Begebenheiten Schottlands im 11. Jahrhundert sinnvoll, womit ich meine Arbeit dann auch beginnen werde.

Im Hinblick auf den Umfang der Arbeit werde ich mich nicht näher mit der Frage befassen, welche Quellen Shakespeare zur Verfügung standen und welche er letztendlich in welchem Umfang als Grundlage für sein Drama verwendet hat. Wenn ein Hinweis hierauf nötig erscheint, wird er innerhalb der o.g. Betrachtungslinien erfolgen.

Als Textgrundlage verwende ich für meine Arbeit die New Swan Shakespeare Edition des Macbeth-Textes.[274]

Geschichte Schottlands im 11. Jahrhundert und Beziehungen zum Drama

Überblick über die Geschichte

Die für das Verständnis des Macbeth-Stoffes relevanten geschichtlichen Umstände befassen sich vor allem mit dem Problem der Thronfolge und Herrschafts-sicherung der schottischen Könige im 10. und 11. Jahrhundert. Diese Periode schottischer Geschichte ist markiert von einem bis zu

---

[274] William Shakespeare, Macbeth, 3. Aufl., New Swan Shakespeare, ed. Bernard Lott (Harlow: Longman, 1965).

Bürgerkriegen reichenden Kampf konkurrierender Adliger um die schottische Krone.[275]

Das Problem ergab sich im System der Thronfolge, die nicht automatisch auf den nächsten männlichen Nachfolger eines Herrschers überging. Im 10./11. Jahrhundert gab es zwei schottische Königslinien, sodass die Herrschaft nach dem Tod eines Herrschers immer auf den ältesten Führer der anderen Linie überging. Fast grundsätzlich kam es zu Konflikten beim Machtwechsel. Dieses Ringen um Thronfolge und Durchsetzung von eigenen Machtinteressen ließ das Töten von Herrschern schon beinahe zur Gewohnheit werden. Es war besonders im 9., 10. und 11. Jahrhundert durchaus nicht unüblich, dass ein König entweder in einer provozierten Schlacht oder aber durch Verrat ermordet wurde, um sich auf diese Weise den Weg zum Thron zu bahnen. Dies wird deutlich, wenn man sich die Regierungszeiten der 14 Könige der MacAlpin-Dynastie zwischen 858 und 1034 ansieht: Fünf von ihnen regierten weniger als fünf Jahre, vier weitere weniger als zehn Jahre. Hinzu kommen dann noch die zahlreichen „royal sons-in-waiting"[276], die ihr Leben frühzeitig und gewaltsam verloren.[277]

In dem Schaubild „The Rule of the Throne", das ich in den Anhang aufgenommen habe, lässt sich erkennen, wie häufig ein Herrscher von seinem Nachfolger direkt, oder durch Fehde zum Vorteil des Nachfolgers, getötet wurde.

So kam im Jahr 1005 Malcom II. durch den (frühzeitigen, auf Malcoms Konto gehenden) Tod von Kenneth III. an die Macht. Ihm gelang es, sich eine relativ stabile, lang andauernde Herrschaft aufzubauen und vor seinem Tod seinen Enkel Duncan zum Nachfolger zu bestimmen, da er selbst keine Söhne hatte. Als Duncan I. im Jahre 1034 das Erbe seines Großvaters antrat, hatte dieser seine Nachfolge bereits durch die Ermordung des eigentlichen Anwärters (Boidhe oder Boedhes) der anderen Linie gesichert. Doch auch Duncan fällt unter die weniger als zehn Jahre herrschenden Könige, da er bereits im Jahre 1040 von Macbeth und seinen Anhängern getötet wird.[278]

Bei diesem Konflikt um die Krone war auch wieder das nicht klar strukturierte Erbfolgerecht treibende Kraft. Zwar war Duncan von Malcom II. klar zum

---

275 Vgl. Michael Lynch, Scotland. A New History, (Chatham: Mackays, 1992), p. 43.
276 Op. cit., p. 42.
277 Loc. cit.
278 Op. cit., p. 48 und Fritz W. Schulze, Shakespeares Macbeth. Dichtung und Wirklichkeit, (Frankfurt: Ullstein, 1964), pp. 78f.

Nachfolger bestimmt, doch gab es weitere Anwärter auf die Krone, die die gleichen Ansprüche wie Duncan auf die Herrschaft gelten machen konnten. Hierzu ist wieder ein Blick auf den Stammbaum im Anhang nötig. Malcom II. hatte mindestens zwei Töchter, die beide heirateten und einen Sohn hatten. Zum einen war Duncan Enkel von Malcom, aber genauso auch Thorfinn aus der zweiten weiblichen Linie. Da es bei Anwärtern aus weiblichen Linien keine Rangfolge nach erst- bzw. zweitgeborener Tochter gab, war also Thorfinn genauso berechtigt. Umstritten ist, ob es noch eine dritte Tochter Malcoms gab, die Mutter von Macbeth gewesen sein soll und Macbeth somit auch Ansprüche verschaffte. Hinzu kamen weitere gleichberechtigte Ansprüche von Macbeth, die er aus seiner Ehe mit Grouch, einer Enkelin des von Malcom II. getöteten Königs Kenneth III., gelten machen konnte.[279]

Macbeth herrschte aufgrund eines Bündnisses mit dem o.g. Thorfinn, der als Earl of Orkney über ein entsprechendes Machtpotential verfügte, in der Folgezeit relativ sicher und unangefochten bis zum Jahr 1054. Dieses Jahr markierte den Einfall des südlichen Nachbarn Siwards von Northumbrien im Interesse von Malcom III., dem Sohn Duncans I., der nach dem Tod seines Vaters nach England geflohen war. Macbeth zog sich nach Norden in seine Heimatländereien Moray zurück, wurde aber 1057 von Malcom III. gestellt und getötet. Nach einem kurzen Regierungsintermezzo von Macbeths Stiefsohn Lulach, das mit Lulachs (vorzeitigem) Tod endete, wurde schließlich Malcom III. König von Schottland. Er regierte unangefochten bis 1093.[280]

Für das allgemeine Verständnis der schottischen Geschichte dieser Zeit ist auch eine kurze Information zur allgemeinen Lage Schottland in (welt-) bzw europapolitischer Sicht hilfreich.

Der größte Teil Englands war bis 1017 vom Dänenfürsten Knut erobert worden, dessen norwegischer Vetter und ständiger Gegenspieler Olaf hatte große Teile Nordschottlands seinem Reich einverleibt. Damit stand Restschottland zwischen den Fronten der rivalisierenden Skandinavier. Dies komplizierte die an sich schon verworrene Lage in Schottland durch Bündnisse in die eine oder andere Richtung noch zusätzlich. Zwar erreichte Knut schnell die Oberherrschaft, doch verfielen nach seinem Tod 1035 die Gebiete zwischen dem England

---

[279] Vgl. Geoffrey Bullough (ed.), Narrative and Dramatic Sources of Shakespeare, VII (London: Routledge, 1975), p. 432; James Kirk (ed.), Scotland's History. Approaches and Reflections, (Edinburgh: Scottish Academic Press, 1995), pp. 106f.; Schulze, Dichtung und Wirklichkeit, pp. 78-85 und Lynch, Scotland, p. 47.
[280] Vgl. Lynch, Scotland, p. 49; Kirk, Scotland's History, p. 107.

zugewandten Südschottland und dem nun wieder von Norwegern beanspruchten Nordschottland wiederum in die kampfgepeitschte Mittellage. Diese Gebiete waren Ross und Moray, die Stammländereien Macbeths.[281]

Vergleich und Bezug zum Drama

Anhand dieser Darstellung lässt sich erkennen, dass Shakespeares Drama nicht elementar von den geschichtlichen Gegebenheiten abweicht. Sowohl die Folge der Herrscher wie auch die Personen, die diesen Platz bei Shakespeare einnehmen (Duncan und Macbeth), sind real. Auch Personen wie Lady Macbeth (Grouch), Malcom und Siward sind belegbar. Ebenfalls, wenn auch nicht mit völliger Sicherheit, ist aus der Geschichte eine Verwandtschaft zwischen Macbeth und Duncan zu belegen, die Shakespeare in seinem Stück aufgreift. Hier nennt Duncan Macbeth seinen Cousin (I, 2, 24). Nun bleibt in der weiteren Betrachtung der Personen zu klären, inwieweit auch Shakespeares Charakterisierungen zutreffen.

Eine weitere deutliche Übereinstimmung sind Schauplätze, bzw. im Stück erwähnte Gebiete wie Northumbria oder auch Begebenheiten wie der Kampf gegen die Norweger (vgl. I, 2).

Was allerdings auch hervortritt ist die Tatsache, dass ein eventueller legitimer Anspruch Macbeths auf den schottische Thron bei Shakespeare in keiner Weise erwähnt wird. Im Drama leitet Macbeth seinen Anspruch aus der Prophezeiung und seinem eigenen Machtstreben ab.

Shakespeares dramatis personae und die Realpersonen

Duncan

Shakespeares Duncan ist das Bild eines guten Königs schlechthin. Durch die Darstellung und das Verhalten anderer ihm gegenüber erscheint Duncan als ein alter, weiser König. Die wird deutlich als Rosse ihn mit „great king" (I, 2, 50) anredet und durch Macbeths Äußerung: „Your highness' part Is to receive our duties: and our duties Are, to your throne and state, children and servants" (I, 4, 23-25). Weiterhin wird diese Charakterisierung gefestigt durch Macbeths

---

281 Vgl. Schulze, Dichtung und Wirklichkeit, pp. 77f.

Bezeichnung Duncans als „gracious" (III, 1 ,65) und im Gespräch zwischen Macduff und Malcom in Akt 4: „Thy royal father Was a most sainted king:" (IV, 3, 108f.). Shakespeare versieht seinen Duncan mit diversen noblen Attributen: Duncan wird als offen, ehrlich, ernst und ehrbar beschrieben. Hinzu kommen seine Großzügigkeit, wie die Belohnung Macbeths mit dem Titel „Thane von Cawdor" (I,2 und I,3) oder das Diamantgeschenk an Lady Macbeth (II, 1, 15), und sein Vertrauen in seine Gefolgsleute.[282]

In der Geschichte Schottland tritt Duncan entgegen der Darstellung Shakespeares als junger König in Erscheinung, der mehr schlecht als recht seine Regierungs-geschäfte ausführt und nicht unumstritten an die Herrschaft gelangt war.[283] Weiterhin ist überliefert, dass er militärisch keine Erfolge erzielen konnte, aber trotz seines Versagens als Heerführer stetig versuchte, Eroberungen im Norden Schottlands durchzuführen.[284]

Wie bereits erwähnt regierte Duncan lediglich sechs Jahre, bevor er starb, doch ist umstritten, wie er ums Leben kam. Einen Tod durch alleinigen Meuchelmord von Macbeth wie im Drama scheint jedoch nicht der Fall gewesen zu sein:

die Tötung [Duncans], war (...) nicht die Tat eines einzelnen (...). Sie war eine gemeinsame Sache, und zwar Ende und Ergebnis einer in größerem Rahmen durchgeführten militärischen Aktion.[285]

Duncan ist wahrscheinlich bei einem erneuten Eroberungsversuch in Richtung Nordschottland von den Verbündeten Macbeth und Thorfinn geschlagen und dabei getötet worden.[286] Zwar findet sich auch die deutliche Auffassung: „Ein Mord außerhalb jeglicher militärischen Aktion fand nicht statt"[287], doch können letztendlich die Umstände nicht eindeutig geklärt werden. Auffallend ist im Zusammenhang mit Duncans Tod noch einmal die Darstellung seiner schwachen Herrschaft wenn Bullough feststellt: „there seems to have been little general regret when he [Duncan] was murdered by Macbeth and other nobles."[288]

---

282 Vgl. James Sale, Macbeth, York Notes, (London: Longman, 1997), p. 75.
283 Vgl. Schulze, Dichtung und Wirklichkeit, p. 78 und Lynch, Scotland, p. 42.
284 Vgl. Lynch, Scotland, p. 50 und Bullough, Sources of Shakespeare, p. 432..
285 Vgl. Schulze, Dichtung und Wirklichkeit, p. 85.
286 Op. cit., p. 81 und Lynch, Scotland, p. 50.
287 Vgl. Schulze, Dichtung und Wirklichkeit, p. 81.
288 Vgl. Bullough, Sources of Shakespeare, p. 432.

Macbeth

Gleich zu Beginn des Dramas wird Macbeth als junger, mutiger Krieger dargestellt, der loyal für seinen König kämpft und unter Einsatz seines Lebens dessen Reich verteidigt. So wird er von Rosse als „Bellona's bridegroom" (I, 2, 56) beschrieben. Deutlich wird auch, dass er respektiert und geachtet wird. Dies zeigt sich zum einen in der gesamten Erzählung von Rosse in der ersten Szene des ersten Aktes und auch in den Anreden und Bezeichnungen „most worthy thane" (Rosse in I, 3, 106) und „O vailant cousin! worthy gentlemen!" (Duncan in I, 2, 24).[289]

Trotz dieser kämpferischen Standfestigkeit erliegt er im weiteren Verlauf des Dramas seinem durch die Prophezeiung der Hexen und dem Drängen seiner Frau angestachelten Ehrgeiz. Sein Machtstreben tritt in den Vordergrund und lässt die Loyalität schwinden, auch wenn Macbeth mit seinem Gewissen ringt. Macbeth wandelt sich im Verlauf zum allseits gehassten Tyrannen und bildet das krasse Gegenstück zum weisen Duncan.[290] Bernard Lott fasst Macbeths emotionale Bewegtheit prägnant zusammen:

> *Throughout the play Macbeth continues to give serious thought to the moral aspects of his actions, and he is in no sense an unfeeling villain without conscience or sense of nobility."*[291]

Auch bei der historischen Person Macbeth finden sich deutliche Gegensätze zur von Shakespeare gezeichneten Dramafigur. Nachdem Macbeth im Jahre 1040 die Macht übernommen hatte, sorgte er für eine „long, unwonted period of harmony with his subjects"[292]. Ihm wird ein Gesetzeswerk zugeschrieben, sowie Großzügigkeit gegenüber der Kirche und Friedensbemühungen, obwohl er auch als erfolgreicher Kriegsführer dargestellt wird.[293] Auffallend ist ferner seine Regierungszeit von 17 Jahren, die im Vergleich zu seinen Vorgängern als lang angesehen werden muss. Dies lässt eine stabile und gefestigte Herrschaft vermuten und tatsächlich sind erst ab ca. 1054 n. Chr. für Macbeth bedrohliche Bestrebungen von Siward von Northumbrien und Malcom, dem Sohn Duncans,

---

289 Vgl. auch Sale, Macbeth, p. 71.
290 Loc. cit. und Bernard Lott, „Introduction", Macbeth, 3. Aufl., New Swan Shakespeare, ed. Bernard Lott (Harlow: Longman, 1965), pp. 14f.
291 Vgl. Lott, „Introduction", p. 15.
292 Vgl. Lynch, Scotland, p. 50.
293 Vgl. Schulze, Dichtung und Wirklichkeit, pp. 86f. und Bullough, Sources of Shakespeare, p. 432.

zu verzeichnen, Macbeth als schottischen König anzugreifen. Zwar gab es bereits in früheren Jahren einzelne Einfälle in Macbeths Reich, diese konnten aber allesamt von ihm zurückgeschlagen werden.[294]

Eine Gemeinsamkeit findet sich im Wiederauftauchen des Begriffes Tyrann. Im Großen und Ganzen war Macbeth allem Anschein nach ein guter Herrscher, doch Malcoms Nachkommen und deren Hofchronisten versuchten ihn durchweg schlecht darzustellen. Da Macbeth aber nun einiges erreicht hatte, was nicht einfach übergangen werden konnte, stellte man die These auf, er habe zehn Jahre gut regiert, sei dann aber zum Tyrannen geworden und musste demnach bekämpft werden.[295]

weitere Personen

Viele der von Shakespeare in sein Stück eingewobenen Figuren haben wirklich existiert. So gibt es, wie z.T. bereits erwähnt, Hinweise auf Lady Macbeth, Malcom, Donalbain und Siward. Allerdings reichen hier meines Erachtens die Zeugnisse nicht unbedingt aus, um eine Betrachtung, wie bei den oben aufgezeigten Personen Duncan und Macbeth anzustellen. Interessant ist es aber trotzdem, einige Teilaspekte im Vergleich zum Drama herauszuheben.

So stimmen Aspekte wie die Flucht von Malcom nach England und von Donalbain nach Irland oder die Tatsache, dass Malcom schließlich König wird (wenn auch erst nach einer zwischenzeitlichen Herrschaft von Lulach, Macbeths Stiefsohn). Weiterhin stimmt sowohl die Tatsache, dass Siward mit Malcom gegen Macbeth zog, als auch die überlieferte Anekdote, dass Siward, als er vom Tod seines Sohnes erfährt, fragt, ob dieser die Wunden ehrenhaft vorn empfangen hat (vgl. V, 9, 8-15). Allerdings war Siward beim letztendlichen Sieg über Macbeth im Jahre 1057 bereits nicht mehr am Leben. Nach dem Sieg über Lulach wurde schließlich Malcom III. schottischer König, womit Shakespeares Drama schließt.

Es lassen sich also sowohl bei allgemeineren Gegebenheiten wie auch in Einzelheiten Übereinstimmungen finden.[296]

---

[294] Vgl. Lynch, Scotland, p. 50.
[295] Vgl. Bullough, Sources of Shakespeare, p. 433.
[296] Vgl. Schulze, Dichtung und Wirklichkeit, pp. 88f.

Vergleich Duncan und Macbeth

Sowohl Duncan als auch Macbeth sind bzw. werden im Verlauf des Stücks und auch in der Geschichte Schottlands König. Daher liegt bereits hier ein Vergleichsansatz, der in eine Klassifizierung guter König gegen schlechten König mündet. In Shakespeares Darstellung wird der gute und vielleicht etwas zu gutgläubige Duncan Opfer des späteren Tyrannen Macbeth.[297] Historisch belegbar ist dies jedoch nicht. Hier findet sich lediglich ein Ansatzpunkt dafür, dass ein schwacher König Duncan mit mehr oder weniger großem Zutun seines Nachfolgers Macbeth umkommt. Dieser errichtet eine relativ erfolgreiche, stabile und andauernde Herrschaft und wird dann seinerseits im Zuge andauernder Machtkämpfe von seinem späteren Nachfolger beseitigt. In den Betrachtungszusammenhang guter König vs. schlechter König passt dann auch die Darstellung der beiden Gegenspieler als alt, weise und großzügig gegenüber dem jungen nach Macht strebenden Verräter.

Hier stellt sich die Frage, warum Shakespeare, nachdem er den Rahmen der Handlung und die Rolle anderer Personen eigentlich wahrheitsgemäß übernommen hat, diesen Aspekt verdreht und neu kreiert. Diese Frage beantwortet sich, wenn man den Blick auf die Entstehungsumstände bzw. die Zeit und das intendierte Publikum Shakespeares richtet, was im folgenden Abschnitt kurz geschehen soll.

Motive der Darstellung

Shakespeare wollte mit seinem Stück Geld verdienen und somit war es nötig, dass das Stück nicht Anstoß bei der Obrigkeit erregte, bestenfalls sogar hier positiv auffiel. Robert Ornstein fasst dies wie folgt zusammen:

> *Shakespeare was aware of the dangers of portraying these [historical] figures and of treating political issues in heterodox ways. Government officials alert to subversive ideas censored and banned dramatic texts and performances (...) the playwrights and actors were dependent on royal patronage and support (...)*[298]

---

297 Vgl. Michael Hawkins, „History, politics and Macbeth", Focus on Macbeth, ed. John Russel Brown, (London: Routledge, 1982), p. 173.
298 Vgl. Robert Ornstein, „The Artist As Historian", Shakespeare's History Plays: Richard II to Henry V, ed. Graham Holderness, (London: Macmillan, 1992), p. 39.

Die Obrigkeit war zu diesem Zeitpunkt König James I. (1603-1625), der erste Stuart. Dies erklärt zum einen die Wahl einer schottischen Geschichte. Weiterhin bezieht sich Shakespeare mit seiner Königsbilddarstellung sicherlich auf das von James I. geschriebene Werk „Basilikon Doron", das die Qualitäten eines guten Königs im Gegensatz zu einem Tyrannen beschreibt. Diese von James I. aufgestellten Tugenden eines guten Königs greift Shakespeare sogar direkt auf, indem er Malcom im vierten Akt sagen lässt:[299]

> *But I have none: the king-becoming graces, As justice, verity, temperance, stableness, Bounty, perserverance, mercy, lowliness, Devotion, patience, courage, fortitude*[300]

In diesem Zusammenhang lässt sich noch ein weiterer Bezug Shakespeares zu Interessen James I. finden. Die gesamte Thematik des Übernatürlichen in Macbeth hängt zwar sicherlich mit der Übernahme der Darstellung in Shakespeares Vorlage von Holinshed[301] zusammen, aber sicherlich auch mit der Tatsache, dass James I. 1597 eine Abhandlung mit dem Titel „Demonology" verfasst hat und somit dieser Aspekt von Shakespeare ebenfalls im Sinne des Königs in das Stück integriert wurde.[302]

Speziell diese schottische Thematik um Macbeth war für ein James I. gewidmetes Drama prädestiniert, da die Genealogie der Stuarts bis auf Banquos Sohn Fleance zurückgeführt wurde. Hierbei wird allerdings vermutet, dass sowohl Banquo, als auch Fleance eine Erfindung frühneuzeitlicher Chronisten sind[303] Allein dieser Bezug mit der Intention, James I. zu gefallen, sicherte dem Drama „Pluspunkte" beim König.[304] Allerdings musste Shakespeare auch hier Änderungen vornehmen, da in der Darstellung Holinsheds Banquo mit in den Mord Duncans verwickelt war. Da er dies so nicht übernehmen konnte, ist Shakespeares Banquo ein Ehrenmann, der den Prophezeiungen widersteht und vor dem Bösen warnt: „And oftentimes, to win us to our harm, The instruments

---

299 Vgl. Hawkins, „History, politics and Macbeth", p. 173.
300 IV, 3, 91-94
301 Hauptquelle Shakespeares waren „The Chronicles of England, Scotlande, and Ireland", die von R. Holinshed veröffentlicht wurden. Vgl. Bullough, Sources of Shakespeare, der ständig Vergleiche mit Holinsheds Chronicles anstellt und auch die 1587 herausgegebene Version der „Chronicles of Scotland" auf den Seiten 478-507 abdruckt.
302 Vgl. R. A. Foakes, „Macbeth", Shakespeare. A Bibliographical Guide, ed. Stanley Wells, (New York: Oxford Univ. Press, 1990), p. 266.
303 Vgl. Bullough, Sources of Shakespeare, pp. 433f.
304 Vgl. Hawkins, „History, politics and Macbeth", p. 168.

of darkness tell us truths, Win us with honest trifles to betray's" (I, 3, 123-125).[305]

Schlussbetrachtung

Beschäftigt man sich mit den belegbaren historischen Gegebenheiten und den Vorbildern der Personen in Shakespeares Drama Macbeth, so lassen sich eine Vielzahl von Gemeinsamkeiten, aber auch bewusst gewählte, gravierende Unterschiede feststellen. Schwierig wird eine historische Untersuchung von Einzelheiten durch die Tatsache, dass es wenig genaue Überlieferungen gibt und die meisten Quellen von bestimmten Positionen aus stark beeinflusst sind und letztendlich eine Vielzahl von Anekdoten, Geschichten und Erfindungen beinhalten. Dadurch werden die wahren Gegebenheiten letztendlich nie vollständig und richtig dargestellt werden können. Sicher ist jedoch, dass es für Shakespeare gute Gründe dafür gab, was er wie darstellen ließ. Die Absicht, König James I. mit dem Stück zu gefallen, war sicherlich ein Beweggrund, aber mit großer Wahrscheinlichkeit auch nicht der einzige.

Abschließend muss man Shakespeares Intention sehen, ein Drama zu schreiben, dass keinen Anspruch auf historische Korrektheit erheben wollte. Catherine Belsey gibt in diesem Sinne ein passendes Schlusswort:

> *Shakespeare's history plays are not commonly taken seriously as history. (...) Much of the material is pure invention (...) and even when it is not, both story and characterisation are significantly modified in the interests of vital and enduring drama (...)*[306]

---

305 Vgl Bullough, Sources of Shakespeare, p. 449.
306 Catherine Belsey, „Making Histories", Shakespeare's History Plays: Richard II to Henry V, ed. Graham Holderness, (London: Macmillan, 1992), p. 103.

Literaturverzeichnis:

Belsey, Catherine, „Making Histories", Shakespeare's History Plays: Richard II to Henry V, ed. Graham Holderness, (London: Macmillan, 1992)

Bullough, Geoffrey (ed.), Narrative and Dramatic Sources of Shakespeare, VII (London: Routledge, 1975)

Foakes, R. A., „Macbeth", Shakespeare. A Bibliographical Guide, ed. Stanley Wells, (New York: Oxford Univ. Press, 1990)

Hawkins, Michael, „History, politics and Macbeth", Focus on Macbeth, ed. John Russel Brown, (London: Routledge, 1982)

Kirk, James (ed.), Scotland's History. Approaches and Reflections, (Edinburgh: Scottish Academic Press, 1995)

Lott, Bernard, „Introduction", Macbeth, 3. Aufl., New Swan Shakespeare, ed. Bernard Lott (Harlow: Longman, 1965)

Lynch, Michael, Scotland. A New History, (Chatham: Mackays, 1992)

Ornstein, Robert, „The Artist As Historian", Shakespeare's History Plays: Richard II to Henry V, ed. Graham Holderness, (London: Macmillan, 1992)

Sale, James, Macbeth, York Notes, (London: Longman, 1997)

Schulze, Fritz W., Shakespeares Macbeth. Dichtung und Wirklichkeit, (Frankfurt: Ullstein, 1964)

Shakespeare, William, Macbeth, 3. Aufl., New Swan Shakespeare, ed. Bernard Lott (Harlow: Longman, 1965)

„Determined to prove a villain"

Zur Charakterisierung der Hauptfigur in Shakespeares Historie Richard III.

Markus Bulgrin, 2007

Einleitung

"And thus I clothe my naked villainy
With odd old ends stol'n forth of holy writ,
And seem a saint, when most I play the devil."
(Richard III, Akt I, 3, 335-337)

Richard III.[307], wahrscheinlich zwischen 1590 und 1594[308] uraufgeführt und somit eines der frühesten Stücke Shakespeares, gehört sicherlich zu den bekanntesten und bösartigsten Schurkencharakteren in Shakespeares Gesamtwerk.[309] Die Figur des gleichsam faszinierenden wie teuflischen Tyrannen und vermeintlichen Titel-„Helden" scheint seit Shakespeares Zeit nichts von seiner Anziehungskraft eingebüßt zu haben und ist heute noch eines der beliebtesten Aufführungsstücke im Shakespeare-Kanon[310]. Zwar gilt es in der Shakespeare-Forschung mittlerweile als gesichert, dass Richard in Shakespeares Bearbeitung des Stoffes v. a. aufgrund der Darstellungen Sir Thomas Moores, Shakespeares Hauptinformationsquelle, verbrecherischer und grausamer gezeichnet wird, als dies tatsächlich der Fall war.[311] CUNNINGHAM zufolge habe v. a. die Tudor-Dynastie großen Anteil an dieser Verzerrung: „Many historians now accept that the true image of Richard has been distorted by the Tudor interpretation of his life."[312] Von daher scheint es kaum verwunderlich, dass es v. a. im 20. Jahrhundert immer wieder zahlreiche Bemühungen gab, den historischen Richard ins rechte Licht zu rücken und seinen Ruf wenigstens teilweise wiederherzustellen.[313] Dennoch darf nicht

---

307 Richard III. ist Teil der shakespeareschen Königsdramen, einer Eigengattung zwischen Komödien und Tragödien und bildet den Abschluss zur Henry VI. Tetralogie; vgl. Wolfgang Clemen: Interpretationen zur englischen Literatur. Münster, 1991, S. 320.
308 Wann das Stück uraufgeführt wurde, ist in der modernen Shakespeare- Forschung nach wie vor umstritten. John Russel Brown beispielsweise schreibt: „Looking at all the available evidence, scholars are still unsure whether Richard the Third was first performed in 1590 or 1594." Irina Schabert hingegen datiert die Erstaufführung auf 1592 oder 1593; vgl. Irina Schabert: Shakespeare Handbuch: Die Zeit – Der Mensch –Das Werk – die Nachwelt. Stuttgart, 2000, S. 344.
309 A. J. Pollard: Richard III. And the Princess In The Tower. Phoenix Mill, 1991, S. 15: „As is now evident, Shakespeare did not invent the demonic character who dominates his play: he merely retold the tale familiar to him and his audience.".
310 Vgl. z. B. Elfi Bettinger: Interpretationen zu King Richard III. In: Interpretationen. Shakespeares Dramen. Stuttgart: Reclam, 2000, S. 43.
311 Vgl. z. B. Schabert, S. 344 oder William Shakespeare: King Richard III. Englisch-deutsche Studienausgabe. Deutsche Prosafassung, Anleitung und Kommentar von Ute Schläfer. Tübingen, 2004, S. 13ff.
312 Sean Cunningham: Richard III. A Royal Enigma. In: English Monarchs: Treachures From the National Archives. Somerset, 2003, S. 93.
313 Hierzu zählen auch zwei historische Vereinigungen, die sich um die Reputation Richards des Dritten bemühen: Die englische Richard III Society und ihr amerikanisches Pendant Friends of Richard III Inc.; vgl. William Shakespeare (a): S. 13.

vergessen werden, dass gerade die übersteigerte und dramatisierte Darstellung Richards das Faszinosum dieses Stückes ausmacht. Zusätzlich lassen sich in Richard III. Einflüsse der populären Vice- Figur der mittelalterlichen Moralitätenspiele und dem Machiavellistischen Bösewicht finden.[314]

Die vorliegende Arbeit beschäftigt sich mit der Figur und dem Charakter Richards von Gloucester. Das erste Kapitel soll helfen, die Persönlichkeitsstruktur Richards herauszuarbeiten und Voraussetzungen und Bedingungen zu klären, unter denen sich Richard zum mordenden Bösewicht entwickelte. In Kapitel zwei stehen Richards „verschiedene Gesichter" im Zentrum der Untersuchung. Dabei interessiert v. a., inwieweit seine schauspielerischen Fähigkeiten als Werkzeug zur Durchsetzung seiner Absichten und Pläne dienten. Kapitel drei widmet sich der Frage nach der Rolle seiner Umwelt und untersucht, inwieweit das Verhalten der anderen Dramenfiguren die Entwicklung Richards vorangetragen, unterstützt oder ihr entgegen gewirkt hat. Das vierte Kapitel beschreibt Richards sukzessiven Machtverlust und Untergang und beleuchtet die Gründe dafür, weshalb Richard schließlich scheiterte. Im fünften und letzten Kapitel werden nochmals kurz die wichtigsten Ergebnisse zusammengefasst.

Als Vorlage des Stückes dient die englisch- deutsche Studienausgabe von Ute Schläfer, gedruckt im Stauffenburg Verlag Tübingen, 2004.

Zur Persönlichkeitsstruktur Richards

Richards berühmt gewordener und viel zitierter Willensentschluss „*I am determined to prove a villain*" (Akt I, 1, 30) im Prolog zu Beginn des Stückes lässt bereits erahnen, in welche Richtung sich das Drama entwickeln wird: Richard verschreibt sich freiwillig dem Bösen. Sein weiteres Tun und Handeln wird genau diese Entscheidung widerspiegeln. Die Frage nach der Motivierung für diese Entscheidung, die nach dem *Warum*, kann jedoch – zumindest im

---

314 Machiavellis Staatslehre wurde im Elisabethanischen Zeitalter meist falsch interpretiert und kann daher nur unter dieser Berücksichtigung zur Charakterisierung Richards herangezogen werden: „Der Primat des Politischen gegenüber ethischen und religiösen Werten fußte bei Machiavelli auf der Erkenntnis, dass in einer Welt, in der die Menschen durchweg zum Bösen neigen, Ordnung und Bestand eines Staates oft auch durch unmoralische Mittel erkauft werden müssen. Rücksichtslosigkeit und Gewalt, gegebenenfalls auch Mord waren erlaubt, wenn die politische Notwendigkeit es erforderte [...]. Bei allem Machtstreben, bei aller Mißachtung moralischer Wertungen musste der Herrscher immer nur im Verantwortungsbewußtsein für den Staat handeln und das Gemeinwohl dem persönlichen Nutzen voranstellen." Marga Unterstenhöfer: Die Darstellung der Psychologie des Tyrannen in Shakespeares „King Richard III" und „Macbeth". Frankfurt a. M., 1988, S. 31f.

Stück selber – nicht vollends geklärt werden. Der Titelheld selbst begründet seine für den weiteren Verlauf der Handlung schwerwiegende und folgenreiche Entscheidung damit, nicht für *„sportive tricks"* geeignet zu sein und sieht darin die einzige Möglichkeit, *„this weak piping time of peace"* zu überstehen. Scheinbar hat Richard ein Problem damit, dass der im letzten Teil der Tetralogie Henry VI. geschilderte Kampf zwischen den beiden Adelsfamilien Lancaster und York sein Ende gefunden hat. Neben der beruhigten politischen Lage zu Beginn von Richard III. ist es aber auch das erkennbare Missfallen des Protagonisten an seiner äußeren Erscheinung, die auffällt. So finden sich Verweise auf seine körperlichen Entstellungen dann auch in mehreren Szenen. Diese werden einerseits durch Selbsteinschätzungen Richards vorgetragen, wie bereits im Prolog deutlich wird:

I, that am curtailed of this fair proportion,
Cheated of feature by dissembling Nature,
Deformed, unfinished, sent before my time
Into this breathing world, scrace half made up,
And that so lamely and unfashhionable
That dogs barke at me as I halt by them –
Why I, in this weak piping time of peace,
Have no delight to pass away the time,
Unless to see my shadow in the sun
And descent on mine own deformity.
(Akt I, 1, 18-27)

Andererseits – und dies deutlich öfter – durch seine weiblichen Gegenspieler geäußert. Besonders klar wird dabei immer wieder Königin Margaret, wie hier im ersten Akt, beim Aussprechen ihres Fluches über Richard:

Thou elvish-mark'd, abotrtive, rooting hog!
Thou that wast seal'd in thy nativity
The slave of nature and the son of hell!
Thou slander of thy mother's heavy womb!
Thou loathed issue of thy father's loins!
Thou rag of honour! Thou deteted –
(I, 3, 228-233)

Aber auch Königin Elizabeth findet klare Worte hinsichtlich Richard: *„That bottled spider, that foul bunch-back'd toad"* (Akt IV, 4, 81). Selbst seine eigene Mutter, die Herzogin von York, verflucht ihn ob seiner Taten und nimmt dabei auf seine Missgestalt Bezug: *„Thou toad, thou toad [...]"* (Akt IV, 4, 145). Weshalb jedoch ist Richard bereits zu Beginn des Stückes entschlossen, ein Schurke und Bösewicht zu werden? Oder war er es bereits vorher? Um Richards

Aussage im Prolog verstehen zu können, muss seine Persönlichkeitsstruktur verstanden werden. Hierfür sollen kurz zwei unterschiedliche Interpretationsansätze skizziert werden.

UNTERSTENHÖFER verweist auf den letzten Teil der York-Tetralogie, *3 Henry VI*, der bereits einige Facetten der zukünftigen Entwicklung Richards in Aussicht stellt. Dort schon scheint sich Richard an dem vom Himmel an ihm verübten Verbrechen mit Hilfe der Hölle rächen zu wollen:

> *Then, since the heavens have shap'd my body so,*
> *Let hell make crook'd my mind to answer it.*
> *(3, Heinrich VI, V, 6, 78)*[315]

Es scheint also einen Zusammenhang zwischen Richards Böswilligkeit und seinem missgebildeten Äußeren zu geben. UNTERSTENHÖFER erklärt den psychologischen Zustand Richards als eine Mischung aus Vereinsamung, Liebesunfähigkeit und emotionaler Undifferenziertheit. Diese ergebe sich nicht nur aus dem Tod des Vaters in *3 Henry VI.*, sondern auch aus einer gestörten Mutterbindung heraus, die ihren Ursprung ebenfalls in *3 Henry VI.* hat[316], in *Richard III.* im Dialog Richards mit seiner Mutter bereits an mehreren Stellen angedeutet wird und dort ihren Höhepunkt in Akt IV, 4, findet. Dort lässt Richards Mutter in einer Wutrede kurz die verschiedenen Stadien der Entwicklung ihres Sohnes zum jungen Mann Revue passieren und ihren Emotionen freien Lauf. Die Verbitterung, Abscheu und Enttäuschung, die sich seit Richards Geburt in ihr angestaut zu haben scheinen, finden ihren Ausdruck in dem zweifelnden „*Are thou my son?*" (Akt IV, 4, 155), der letzten Konsequenz dieses etwas später sogar in einem Fluch gegen ihren Sohn endenden Hassgefühls:

> *No, by the holy rood, thou know'st it well,*
> *Thou cam'st on earth to make the earth my hell.*
> *A grievous burden was thy birth to me;*
> *Tetchy and wayward was the infancy;*
> *Thy school-days frightful, desperate, wild and furious;*
> *Thy prime of manhood daring, bold, and ventuous;*
> *Thy age confirm'd, proud, subtel, sly, and bloody,*
> *More mild, but yet more harmful, kind in hatred:*

---

315 William Shakespeare: King Henry VI. Part I-III. The Arden Shakespeare, ed. Andrew S. Cairncross. London, 1969.
316 Vgl. ebd.: III, 4, 153-63.

What comfortable hour canst thou name
That ever grac'd me in thy company?
(IV, 4, 166-175)

Während der psychologische Interpretationsansatz Richards Schurkentum und Boshaftigkeit mit dessen körperlicher Zurücksetzung und Liebesentzug begründet[317], Richards Willensentschluss also auf die Kompensation seiner körperlichen Mängel und daraus resultierende Minderwertigkeitskomplexe zurückführt, argumentiert SCHLÄFER, dass Richard durch eine Lust am Bösen getrieben sei und als Abgesandter der Hölle keine psychologische Motivation benötige[318]. Auch NAUMANN beschreibt Richard als das Böse schlechthin und fügt ergänzend hinzu, dass eine auf Störung und Zerstörung ausgelegte Kraft das gesamte Stück hindurch zwar präsent sei und durch Richards Missgestalt auch anschaulich gemacht werde. Es sei jedoch nicht beabsichtigt, so NAUMANN weiter, die Psychologie des Ausgestoßenen zu zeigen, der sich an der Welt rächt, da nirgends erkennbar gemacht werde, dass er als Mensch an seiner Missgestalt oder an seinen bösen Wünschen leide."[319] BARBER sieht Richards "moral choice", also seine Willensentscheidung zu Beginn des Dramas, ebenfalls nicht psychologisch begründet:

"It ist true that, as one of his motives for this choice, he mentions his physical deformity, which makes him unsuited to love. But he is not presented as a victim of his deformity, finding some kind of psychological compensation in destructive activity. Rather, we see his physical deformity as an outward expression of his inner, moral deformity; [...]"[320]

Zwar räumt SCHLÄFER ein, dass eine weitgehend psychologische Deutung Richards in den Heinrichsdramen noch plausibel erscheint[321]. Jedoch argumentiert sie mit Verweis auf die Konvention der Vice- Figur[322] in *Richard III.*, dass er hier als solche von Beginn an eine Disposition zum Bösen habe, die er um ihrer selbst willen zu genießen scheint. Dies wird u. a. durch Richards immer wieder monologisch umgesetzte und *aside*, also zum Publikum

---

317 Vgl. z. B. Unterstenhöfer.
318 Shakespeare (a), S. 23f.
319 Walter Naumann: Die Dramen Shakespeares. Darmstadt, 1978, S. 9.
320 William Shakespeare: Richard III. Kommentare von Charles Barber. Harlow [u.a.]: Longman, 1981, S. 60.
321 Zur psychologisch nachvollziehbaren Entwicklung Richards in 3 Heinrich VI schreibt Schläfer: „Aus dem kühnen Soldaten, dessen Ehrgeiz dem Vater gilt, wird nach des Vaters Tod der grausame Rächer; seine auf den Bruder Eduard übertragene Loyalität schlägt nach Enttäuschungen in Neid um; aus dem Gefühl geistiger Überlegenheit wächst eigener Ehrgeiz, und als Mittel zur Erreichung seiner Ziele wählt Richard in bewusster Anlehnung an Machiavelli die Heuchelei. Aus dem Krieger ist der Intrigant geworden;" vgl. Shakespeare (a), S. 23.
322 Zur Vice- Figur vgl. ebd., S. 24f.

gesprochene Einschübe, deutlich. Auch der selbstgespendete Applaus für jede seiner Täuschungen anderen gegenüber und der Appell ans Publikum, in diesen Applaus einzustimmen, sind klare Kennzeichen der theatralischen Eigenschaften der Vice- Figur.[323]

Trotz der offensichtlichen Verweise Shakespeares auf die Vice- Figur erscheinen mir auch psychologische Deutungsmuster, wie beispielsweise von UNTERSTENHÖFER vorgeschlagen, durchaus diskutierbar, können im Rahmen dieser Arbeit jedoch keine weitere Berücksichtigung finden.

Richards Rollenspiel

Was die Faszination der Figur Richards ausmacht und ihm beim Publikum zumindest zu Beginn des Stückes trotz aller Diabolik und Boshaftigkeit einige Sympathiepunkte verschafft, sind seine schauspielerischen Fähigkeiten und seine erstaunliche Verstellungs- und Überredungskunst. Richards Überlegenheit den anderen Figuren gegenüber ergibt sich aus der Fülle eines scheinbar unerschöpflichen Repertoires an Rollen, die er so gut beherrscht, dass er teilweise „[…] so genial mit der Rolle des Schauspielers verwächst, dass er gelegentlich sich selbst spielt."[324] Hinzu kommt eine eigene, ganz unverwechselbare und sich der Situation und dem Gesprächspartner ständig anpassende Sprache, die sich dem Zuschauer v. a. in den Monologen und den *asides* offenbart. SCHLÄFER beschreibt diese Sprache als „[…] witzig, zynisch, derb kolloquial, manchmal von brutaler Knappheit, manchmal angereichert mit volkstümlichen Sprichwörtern und Metaphern aus vielen Bereichen des Alltagslebens."[325] Richards Auftritte sind gekennzeichnet durch Heuchelei, Scheinfreundlichkeit und Täuschung.

Er garniert seine Verwandlungskünste mit kunstvoller rhetorischer Flexibilität und derartiger Authentizität, dass sich seine Gegenüber immer wieder von ihm täuschen lassen. Schon in der ersten Szene spielt Richard den liebevoll-sorgsamen Bruder und lässt Clarence auf dem Weg ins Gefängnis in dem Glauben, dass er ihn befreien werde:

---

323 Ebd., S. 23f.
324 Unterstenhöfer, S. 81.
325 Shakespeare (a), S. 28.

Well, your imprisonment shall not be long;
I will deliver you, or else lie for you: [...]
(I, 1, 114-115)

Um dann kurz darauf nach Clarences Abgang dessen Untergang zu planen:

Go, tread the path that thou shalt ne'er return,
That I will shortly send thy soul to heaven, [...]
(I, 1, 117-118)

In der darauffolgenden Werbeszene, vielfach als dramatisches Meisterstück bewundert, buhlt Richard aus Heiratszwecken um die verwitwete Anne, deren Mann und Vater, dessen Tod sie gerade noch am Beklagen ist, von Richard getötet wurden. OPPEL beschreibt diese Szene, in der Richard, der hier mit allen Mitteln der Verführung versucht, den Willen der umworbenen Anne zu brechen, als „raffiniert betriebene Willensunterjochung".[326] Im Gegensatz zu seinem gutgläubigen und ihm vertrauenden Bruder Clarence hat es Richard hier allerdings mit einer Person zu tun, die ihn aus tiefster Seele heraus hasst und zunächst nicht so einfach zu täuschen zu sein scheint.

Anne: Foul devil, for God's sake hence, and trouble us not;
For thou hast made the happy earth thy hell,
Fill'd it with cursing cries and deep exclaims.
(I, 2, 50-53)

Dass Anne – entgegen aller Erwartungen des Zuschauers – am Ende der Szene dennoch auf Richards betrügerisches Schauspiel hereinfällt, liegt zum einen an ihrer Naivität und daran, dass sie „[…] an einen letzten Schimmer des Guten selbst in dem Frevler [Richard] glaubt und eine so abgründige Niederträchtigkeit einfach nicht für möglich hält."[327] Andererseits sind diese Szene und der damit verbundene erfolgreiche Abschluss aus der Sicht Richards wiederum Beweis für dessen chamäleonartige Verwandlungsvielfalt, der – scheinbar – von keiner der übrigen Figuren beizukommen ist. Vor allem auch Richards Strategie, auf Annes Flüche und Beleidigungen erst gar nicht einzugehen, sondern sie weitgehend unkommentiert zu erdulden, scheint seinen Gesamteindruck bei Anne und deren Hoffnung auf ein Fünkchen Gutes in Richard zu untermauern. Dabei umgarnt er

---

326 Vgl. Horst Oppel: Zur Problematik des Willenskampfes. Werbungsszene zwischen Richard und Anne in Richard III. In: Karl Klein (Hrsg.): Wege der Shakespeare-Forschung. Darmstadt, 1971, S. 360.
327 Ebd., S. 365.

sie immer wieder mit Liebesschwüren und Komplimenten und bleibt trotz ihrer Verwünschungen stets höflich:

Sweet saint, for charity, be not so curst.
(I, 2, 49)
Fairer than tongue can name thee, let me have
Some patient leisure to excuse myself.
(I, 2, 81-82)

Richards schauspielerischer Facettenreichtum in dieser Szene reicht vom harten Krieger, der weint, über den Sünder aus Liebe, der kniend die Brust für Annes Todesstreich entblößt, bis zum Entschlossenen, der bereit ist, für sie Selbstmord zu begehen[328] – und dies in einer Rolle, die ihm selbst am wenigsten liegt (vgl. Akt I, 1, 14).

Eine weitere Szene, die einmal mehr Richards auf Arglist und Heuchelei beruhende Verwandlungskunst zeigt, offenbart sich in Szene sieben des dritten Aktes, in der Buckingham Richard die Krone anbietet und dieser zunächst so tut, als könne er sie nicht annehmen:

Alas! why would you heap those cares on me?
I am unfit for state and majesty:
I do beseech you, take it not amiss,
I cannot nor I will not yield to you.
(III, 7, 203-206)

Wie schon in den vorangegangenen Szenen erreicht Richard auch hier wieder sein Ziel, indem er heuchelt, sich verstellt, täuscht und seine intellektuelle Überlegenheit seiner Umwelt gegenüber ausspielt. Um jedweden Hinweis auf sein tatsächliches Vorhaben – das Erlangen der Krone – zu verschleiern, gibt er sich scheinbar religiöser Meditation hin und lässt sich beim Mayor, den Ratsherren und den Bürgern vorerst entschuldigen. Erst auf mehrmaliges Bitten seiner Gäste erscheint er dann widerwillig und mit Bischöfen umgeben mit der Bibel in der Hand. SCHLÄFER sieht diese Szene wieder eng mit machiavellistischen Ideen und Wertvorstellungen verknüpft und argumentiert: „Die Anrufung Gottes und die Beschwörung christlicher Werte nehmen [in dieser Szene] eine rhetorische Schlüsselstellung ein und bilden den Höhepunkt des machiavellistischen Missbrauchs religiöser Wertvorstellungen in diesem

---

328 Vgl. Shakespeare (a), S. 324.

Drama."[329] Obwohl Richard vorgibt, sich nicht im Geringsten für politische Fragen zu interessieren und er das Amt des Königs nicht übernehmen zu wollen scheint, ist gerade seine gespielte Abneigung der Krone und dem Amt des Königs gegenüber der Schlüssel seines Erfolgs. Das gleichsam paradoxe wie geniale an Richards Schauspiel in dieser Szene ist: Je mehr er sich der Krone verweigert, sich von ihr entfernt, desto mehr spielt er sie sich in seine Hände. Ein Höhepunkt Richards Heuchelei und Schauspielkunst ist hier erreicht. Am Ende triumphiert Richard und nimmt die Krone an. Aber selbst im Moment des Einverständnisses weist Richard jeden Eigennutzen weit von sich und erscheint dadurch nur noch umso selbstloser und edelmütiger:

Cousin of Buckingham, and sage, grave men,
Since you will buckle fortune on my back, To bear her burden, whe're I will or no,
I must have patience to endure the load:
[...]
For God doth know, and you may party see,
How far I am from the desire of this.
(III, 7, 225-234)

Einige weitere Szenen des Dramas, in denen Richard seine Schauspielkunst zur Geltung kommen lässt, sollen noch kurz genannt werden: In Kapitel I, 3, 42-61 spielt Richard am Hofe den Unschuldigen, der zu Unrecht angeklagt wurde. Im zweiten Akt eröffnet er den Anwesenden, dass Clarence, dessen Mord Richard selbst befohlen hatte, gestorben sei und schiebt Clarences Tod seinem Bruder Edward in die Schuhe, der daraufhin völlig in Selbstmitleid, Selbstbeschuldigungen und Agonie versinkt und schließlich bald darauf stirbt.

Auch den Herzog von Buckingham, seinen engsten Komplizen, lässt Richard bis kurz vor Ende in dem Glauben, dass er auf dessen Hilfe angewiesen und ihm äußerst dankbar dafür sei.

My other self, my counsel's consistory,
My oracle, my prophet! My dear cousin,
I, as a child, will go by thy direction.
Towards Ludlow then, for we'll not stay behind.
(II, 2, 151-154)

---

329 Shakespeare (a), S. 343. Diese Szene erinnert an Akt I, 3, 333-337: „And thus I cloth my naked villainy / With odd old ends stol'n forth of holy writ / And seem a saint when most I play the devil." Auch hier missbraucht Richard religiöse Wertvorstellungen, um seine teuflischen Pläne zu verwirklichen.

In Wirklichkeit jedoch ist Richard nur von sich selbst abhängig und hat möglicherweise an dieser Stelle schon geplant, Buckingham zu beseitigen.

Der äußerst naive und blinde Lord Hastings lässt sich ebenfalls von Richard täuschen:

> *I think there's never a man in Christendom*
> *Can lesser hide his love or hate then he,*
> *For by his face you straight shall know his heart.*
> *(III, 4, 51-53)*

Auch er bemerkt, wie viele andere, zu spät, dass er vom zukünftigen König getäuscht wurde.

Trotz Richards Schauspielkünsten, die einen Großteil seines Erfolges ausmachen, gibt es jedoch auch Personen, die sich nicht von ihm täuschen lassen oder ihm zumindest mit Misstrauen begegnen. Welche Personen das sind und welchen Einfluss auch sie auf Richards Verhalten nehmen, soll im nächsten Kapitel gezeigt werden.

Die Rolle der übrigen Figuren und ihr Beitrag zu Richards Entwicklung als „Villain"

In Kapitel zwei wurde skizziert, inwieweit Richards Schauspielkunst ihm zur Durchführung seiner Pläne verholfen hat. Jetzt soll geklärt werden, welchen Anteil die übrigen Personen des Dramas an diesem Erfolg hatten und inwieweit sie ihn unterstützt, bzw. ihm entgegen gewirkt haben.

Die zentrale Figur des Dramas ist Richard. Er dominiert das Stück wie keine andere Figur und scheint keine gleichwertigen Gegenspieler zu haben. Sukzessive räumt er mögliche Widersacher beiseite und bahnt sich so seinen Weg an die Macht und zur Krone. Mehrere Personen werden durch seine Aufträge ermordet: Clarence, sein eigener, ihm blind vertrauender Bruder (Akt 1, 4, 339ff.). Hastings, der Richards Absichten und Pläne völlig missdeutet (Akt III, 4, 76-77). Davor entledigt sich Richard bereits Rivers, Vaughn und Grey (Akt III, 24-26). Die wohl grausamste Tat jedoch ist die Ermordung der beiden Prinzen im Tower (Akt IV, 3, 1-22). Schließlich wird auch Buckingham hingerichtet, nachdem er sich kurz davor auf Richmonds Seite geschlagen hat (Akt V, 1).

Durch seine bemerkenswerten Täuschungsmanöver und seine durchtriebene Schauspielkunst ist es Richard gelungen, viele seiner Widersacher, ja selbst einige Fürsprecher, zu blenden, aus dem Weg zu räumen und die Tatsachen gar so zu verdrehen, dass er sich dazu überreden lässt, sich zum König krönen zu lassen. Dieser Erfolg basiert natürlich zum einen auf dem bereits im zweiten Kapitel dargelegten teuflischen Verwandlungs-Talent des Protagonisten. Andererseits wird Richards Erfolg auch durch seine Umwelt begünstigt und unterstützt. Sie ebnet Richard so seinen Weg zum Erfolg. Dabei existieren durchaus auch kritische Gegenstimmen, die einmal mehr, einmal weniger zum Ausdruck gebracht werden. Zu Recht stellt sich dann aber die Frage, weshalb Richard trotz seiner im Laufe des Stückes immer offensichtlicher zu Tage tretenden Falschheit nicht schon eher gestoppt wird?

Mehrmals werden beispielsweise die Stimmung des Volkes und deren misstrauisches und zweifelndes Auftreten gegenüber den Entwicklungen am Hofe eingefangen. So besprechen im zweiten Akt drei Bürger die allgemeine Lage nach Edwards Tod und die Frage nach dem Thronerben. Während sich einer von ihnen relativ optimistisch zeigt, würde der zweite gerne an einen guten Ausgang glauben, bleibt aber skeptisch. Der dritte Bürger schätzt die Situation richtig ein und warnt die anderen beiden vor Königin Elizabeths Verwandten, v. a. aber vor dem gefährlichen Richard:

> *[...]*
> *O, full of danger is the Duke of Gloucester,*
> *And the queen's sons and brothers haught and proud:*
> *And were they to be ruled, and and not to rule,*
> *This sickly land might solace as before.*
> *(II, 3, 27-30)*

Die Anklageschrift Lord Hastings stellt der Notar, ebenfalls als Vertreter des Volkes, im darauf folgenden Akt mit folgender Aussage in Frage:

> *Who is so gross*
> *That cannot see this palpable device?*
> *Yet who's so bold but says he sees it not?*
> *Bad is the world, and all will come to naught*
> *When such ill-dealing must be seen thought.*
> *(III, 6, 10-14)*

Dieser von einem einzelnen vorgebrachte Zweifel wird in der nächsten Szene durch das gesamte Volk bestätigt, das Buckinghams Aufforderung, Richard als nächsten König zu preisen, nicht nachkommen will. Das Verhalten des Mayors hingegen lässt sich nur schwer einschätzen. Für SCHLÄFER erscheint er entweder überzeugt und gutgläubig oder ironisierend.[330] Es scheint, als ob diejenigen, die Richards Spiel durchschauen oder zumindest erahnen, ihre Augen vor der Wahrheit verschließen würden. Allerdings bleibt anzumerken, dass das Volk außerhalb derer steht, die sich mitschuldig gemacht haben und von Richard beeinflussen ließen. Ebenso steht es außerhalb seines Machtbereichs, mehr als eine ablehnende, passive Haltung, wie von Buckingham in III, 7 beschrieben, einzunehmen. „Die Leute durchschauen sehr wohl, was vorgeht, sind aber machtlos, es zu verhindern."[331] UNTERSTENHÖFER argumentiert, dass „[...] die Mehrheit um ihn [Richard] herum korrupt ist, moralisch verdorben und bestechlich, allzeit bereit, mit Richard den Judas zu spielen und um des persönlichen Vorteils willen Verrat am nächsten zu begehen."[332] Dies trifft sowohl für viele seiner kaum weniger machtgierigen Verbündeten als auch einige seiner Gegenspieler sicherlich zu. Lord Hastings, der Herzog von Buckingham, vornehmlich Vertreter des hohen bis einfachen Adels also, ist es zu verdanken, dass Richard ohne größeren Widerstand seine Pläne in die Tat umsetzen kann. Als wirkliche Widersacher, die sich jedoch vorerst als wenig wirkungsvoll erweisen – sieht man einmal von Margarets Fluch, der erst viel zu spät für die Wende zu sorgen scheint, ab – lassen sich am ehesten die Frauen als „einzig dramatisch artikulierte[m] Gegenpol" zu Richard zählen.

Nach Bettinger seien sie von Beginn an seine einzigen Widersacher, bevor Richmond eingreift.[333] Hierzu zählt v. a. auch Margaret, die verwitwete Königin des ermordeten Heinrich VI. Als „kriegerische Amazone der Henriade" und „Kassandrafigur"[334] verflucht, verwünscht und beschimpft sie ihre Gegenüber. Auch Richard wird Opfer ihres Fluches, der sich jedoch erst im letzten Akt erfüllen wird. Davor bereits warnt Margaret Buckingham vor Richards falschem Charakter:

[...] O Buckingham! Take heed of yonder dog:
Look, when he fawns, he bites; and when he bites
His venom tooth will rankle to the death:
Have not to do with him and beware of him;

---

330 Vgl. Shakespeare (a), S. 344.
331 Ebd., S. 340.
332 Unterstenhöfer, S. 89.
333 Vgl. Bettinger, S. 60.
334 Vgl. Ebd., S. 62.

Sin, death and hell have set their marks on him.
And all their ministers attend on him.
(I, 3, 288-293)

Dieser missachtet jedoch deren berechtigte Vorhersagen und Warnungen und unterzieht sich durch dieses Verhalten ebenfalls ihrem Fluch. Obwohl Richard technisch gesehen Margarets Fluch in dieser Szene gegen sie selbst gerichtet hat, scheinen ihn ihre Verwünschungen dennoch getroffen zu haben.

No sleep close up that deadly eye of thine,
Unless it be while some tormenting dream
Affrights thee with a hell of ugly devils!
(I, 3, 224-226)

In der ersten Szene des vierten Aktes berichtet Anne, die mittlerweile Richards Frau geworden ist, von genau solchen Albträumen, die ihren Mann heimsuchen:

For never yet one hour in his bed
Did I enjoy the golden dew of sleep,
But with his timorous dreams was still awaked.
(IV, 1, 82-84)

Eine weitere Person, die sich nicht von Richards Betrügereien blenden lässt, ist seine eigene Mutter, die Richard natürlich am besten kennt und um dessen diabolische Absichten weiß. Sie verbündet sich am Ende mit Elizabeth und der verfeindeten Margaret, um Richard im gemeinsamen Hass zu verfluchen. Elizabeth und die beiden jungen Prinzen wahren ihre Zweifel ebenso wie der stets diplomatische Stanley. Anne und Dorset bemerken erst spät, dass sie von Richard getäuscht wurden. Während Anne diesen Fehler mit ihrem Leben bezahlen muss, wechselt Dorset rechtzeitig die Seiten und überlebt.

Zusammenfassend lässt sich also feststellen, dass Richards virtuose Schauspielfähigkeiten und betrügerischen Heucheleien Voraussetzung sind für sein konsequentes und erfolgreiches Streben nach Macht und Krone. In vielen wichtigen Situationen versteht er es, seine Gegenüber um die Finger zu wickeln oder ihren Verstand und Intellekt zumindest vorübergehend außer Gefecht zu setzen. Richtig täuschen kann er aber nur die wenigsten. Weder das einfache Volk, das Richards Machenschaften schon früh durchschaut, die Frauen – mit Ausnahme von Anne, die ihren Fehler jedoch bald einsieht – noch die jungen Prinzen schenken Richards Worten Glauben. Völlig verblendet und sorglos reagieren lediglich die naiven Lord Hastings und der Herzog von Buckingham, die keiner der Vorhersagen und Warnungen ihrer Umwelt Achtung schenken und Richard blind vertrauen. Dass Richard seine Pläne ohne größeren Widerstand in die Tat umsetzen, morden und hinrichten lassen kann, täuscht und heuchelt und schließlich König wird, liegt zum einen daran, dass der Adel um ihn herum zu sehr mit sich selbst beschäftigt und um seinen eigenen Vorteil bedacht ist, zum anderen daran, dass das Volk und einige wenige Angehörige des Adels Richards Intrigen und Komplotte zwar durchschauen, jedoch machtlos zuschauen müssen, wie sich die Dinge entwickeln.

Richards sukzessiver Verlust an Macht und Souveränität

Trotz einer deutlichen rhetorischen und intellektuellen Überlegenheit über weite Strecken des Stückes hinweg, gelingt es Richard nicht, am Ende als Sieger dazustehen. Richard verliert in entscheidenden Momenten gegen Ende des Stückes die Oberhand über sein von ihm selbst inszeniertes Schauspiel. Seine Macht scheint zu schwinden, sein Schauspiel durchschaut, kritische Stimmen werden lauter. Buckinghams Zögern hinsichtlich der Prinzen-Ermordung, Stanleys schwankende Loyalität und Dorsets Flucht zu Richmond im vierten Akt gefährden Richards Stellung. SCHLÄFER sieht im vierten Akt einen Umschwung in Richards Verhalten und Persönlichkeit: „Erstmals versagt seine Verstellung, und er verrät seinen Ärger durch äußere Zeichen; erstmals handelt er unklug, indem er sich Buckingham entfremdet; erstmals sind seine Planungen Defensivmaßnahmen; erstmals gesteht er innere Unruhe."[335] Hinzu kommt, dass sich Richard nicht nur von der Außenwelt immer mehr zu isolieren (*„There is no creature loves me;/And if I die, no soul will pity me:"*, Akt V, 3, 201-202), sondern auch von sich selbst zu entfremden scheint, wie in der Traumszene deutlich wird:

> *Alack! I love myself. For any good*
> *That I myself have done unto myself?*
> *O! No: alas! I rather hate myself*
> *For hateful deeds committed by myself.*
> *I am a villain. Yet I lie; I am not.*
> *Fool, of thyself speak well: fool, do not flatter.*
> *[...]*
> *(V, 3, 187-192)*

---

[335] Shakespeare (a), S. 347.

UNTERSTENHÖFER sieht diese Eigenentfremdung in der Tatsache verwurzelt, „[...] dass Richard sich selbst von den Menschen und der Menschlichkeit getrennt hat."[336] Durch seinen freien Entschluss zum Bösewicht zu Beginn des Stückes hat sich Richard von der übrigen Welt abgeschnitten und jeder Menschenliebe entsagt. Diese Entscheidung scheint ihn am Ende in derartige Bedrängnis zu bringen, dass er nicht einmal sich selbst gegenüber Liebe und Selbstachtung empfinden kann („I rather hate myself", 189). Richard ist durch den Traum, in dem er von Geistern der Ermordeten heimgesucht wird, derart aufgewühlt und durcheinander, dass er sogar Ratcliff um Rat bittet

> Richard: [O Ratcliff, I have dreamed a fearful dream!
> What think'st thou? Will our friend prove all true?
> Ratcliff: No doubt, my lord.]
> Richard: O Ratcliff, I fear, I fear!
> (V, 3, 213-216)

und sich zum ersten Mal mit seinem Gewissen konfrontiert sieht:

> O coward conscience, how dost thou afflict me!
> (V, 3, 180)
> [...]
> My conscience had a thousand several tongues,
> And every tongue brings in a several tale.
> (194-195)

Dies führt sogar zu einer Art Persönlichkeitsspaltung Richards, die in der folgenden Frage gipfelt:

> What! Do I fear myself? Ther's none else by:
> Richard loves Richard: that is, I am I.
> Is there a murder here? No. Yes, I am:
> Then fly: what! From myself? Great reason why:
> Lest I revenge myself upon myself.
> (183-187)

Nach diesem Traum und trotz aller augenscheinlichen Widerstände, die nun auf Richard einwirken, vermitteln die letzten Szenen den Eindruck, dass jetzt, da der Kampf naht und das Ende droht, ein gewandelter, gemäßigter und geläuterter Richard seinen Leuten gegenübertritt. „[H]e remains a formidable character to

---

336 Unterstenhöfer, S. 82.

the end [...]"³³⁷, schreibt BARBER. Obwohl Richard als erfahrener und erfolgreicher Feldherr gilt, fragt er Norfolk nach dessen Meinung zu seinem Schlachtplan (V, 3, 302), begegnet seinen Männern mit mehr Respekt *(„Go, gentlemen;",* 308) und hält eine ergreifende und mitreißende Schlachtrede seinem Heer gegenüber (V, 3, 315-342), dass selbst das Publikum in dieser Szene ein letztes Mal – wenn auch nur für einen kurzen Moment – berührt sein dürfte. Und wenn am Ende im Kampfgetümmel die berühmten letzten Worte Richards gesprochen werden („*A horse! A horse! My kingdom for a horse!*", V, 5, 13), hat man das Gefühl, dass sich Annes Hoffnung auf ein Fünkchen Menschlichkeit in Richard doch noch bestätigt und erstmalig sein wahres Ich, seine wahre Größe als opferbereiter und beinahe heldenmutig kämpfender König zum Vorschein kommt und keine Schauspielerei sein Auftreten verzerrt. „[A]nd in our last view of him in the play he is fighting on foot in the front line of battle, enacting more wonders than a man, and ‚Seeking for Richmond in the throat of death'."³³⁸

Schluss

Shakespeares Richard III. beschreibt einen außerordentlichen Protagonisten mit einem ebenso außerordentlichen Charakter. Richard steht eindeutig im Zentrum des Stückes, mit ihm steht und fällt die Handlung. Dabei entpuppt er sich als virtuoser Puppenspieler, „der die Figuren des Dramas nach Belieben manövriert, sie gegeneinander ausspielt und sie vollendet zu täuschen versteht."³³⁹ Nach UNTERSTENHÖFER liegt der Schlüssel für seinen Erfolg, wie bei allen Tyrannen, in der Heuchelei, wobei der höchste Grad dieser Kunst dann erreicht sei, wenn eine vollständige Identifikation mit dem Bösen immun gemacht habe gegenüber Mitleid, Furcht und Gewissenskonflikten.³⁴⁰

Dank der Konventionen der Vice- Figur und des machiavellistischen Machtmenschen, deren Symbiose in Richards Figur vollkommen scheint, gehören Heuchelei, Intrigen und das Komplotte-Schmieden zu Richards stärksten Waffen. Eine Identifikation mit dem Bösen hat bereits zu Beginn mit dessen Willensentschluss stattgefunden. Shakespeare ließ eine Figur entstehen,

---

[337] Shakespeare (c), S. 66.
[338] Ebd.
[339] Shakespeare, William: King Richard III. Deutsch-englische Studienausgabe. Übersetzt und herausgegeben von Herbert Geisen. Stuttgart: Reclam, 1978, S. 293.
[340] Vgl. Unterstenhöfer, S. 25.

die an Böswilligkeit, Arglist und Teufelei kaum mehr zu überbieten ist. Menschlichkeit ist Richard fremd. Erst im letzten Moment, als sich das Blatt schon gegen ihn gewendet hat, erkennt Richard, dass auch er ein Gewissen besitzt. Zusätzlich wird Richards Aufstieg durch die Schwäche und die Blindheit der übrigen Figuren begünstigt. Erst Richmond – einem Deus ex machina gleich – gelingt es schließlich, Richard die Stirn zu bieten und ihn zur Strecke zu bringen. Ohne dessen Auftreten wäre Richard sicherlich länger an der Macht geblieben.

Was den Zuschauer an Richards Figur fasziniert, ist die Schärfe seines Verstandes, die intellektuelle Überlegenheit seinen Kontrahenten gegenüber. Trotz aller Gefühlskälte und Unmenschlichkeit Richards lassen sich immer wieder sympathiefördernde Momente ausmachen, die jedoch selten von langer Verweildauer sind. Richard besitzt auch einige für den Zuschauer durchaus attraktive Eigenschaften: „[...] courage, military prowess, energy, intelligence, humour, a vivid use of language, a love of play-acting, and an enormous zest;"[341] Dennoch wird ihm seine „villainy" zum Verhängnis und seine schicksalhafte Vorahnung erweist sich schließlich als sein eigener Richterspruch:

"I shall despair. There is no creature loves me; And if I die, no soul will pity me." (V, 3, 201-202).

---

[341] Shakespeare (c), S. 66.

Literaturverzeichnis

Primärliteratur:

Shakespeare, William (a): King Richard III. Englisch-deutsche Studienausgabe. Deutsche Prosafassung, Anmerkungen, Einleitung und Kommentar von Ute Schläfer. Tübingen, 2004.

Shakespeare, William (b): King Richard III. Deutsch-englische Studienausgabe. Übersetzt und herausgegeben von Herbert Geisen. Stuttgart: Reclam, 1978.

Shakespeare, William (c): Richard III. Kommentare von Charles Barber. Harlow [u.a.]: Longman, 1981.

Shakespeare, William (d): King Henry VI, Part I-III. The Arden Shakespeare, ed. Andrew S. Cairncross. London, 1969.

Sekundärliteratur.

Bettinger, Elfi: Interpretationen zu King Richard III. In: Interpretationen. Shakespeares Dramen. Stuttgart: Reclam, 2000.

Brown, John Russel: Shakespeare: The Tragedies. New York, 2001.

Clemen, Wolfgang: Interpretationen zur englischen Literatur. Münster, 1991.

Clemen, Wolfgang: Kommentar zu Shakespeares Richard III. Interpretation eines Dramas. Göttingen, 1957.

Cunningham, Sean: Richard III: A Royal Enigma. In: English Monarchs: Treasures From the National Archives. Somerset, 2003.

Naumann, Walter: Die Dramen Shakespeares. Darmstadt, 1978.

Oppel, Horst: Zur Problematik des Willenskampfes. Werbungsszene zwischen Richard und Anne in „Richard III." In: Klein, Karl L. (Hrsg.): Wege der Shakespeare-Forschung. Darmstadt, 1971.

Pollard, A. J.: Richard III And The Princess In The Tower. Phoenix Mill, 1991.

Schabert, Irina (Hrsg.): Shakespeare-Handbuch. Die Zeit – Der Mensch – Das Werk – Die Nachwelt. Stuttgart, 2000.

Unterstenhöfer, Marga: Die Darstellung der Psychologie des Tyrannen in Shakespeares „King Richard III" und „Macbeth". Frankfurt, 1988. In:

Europäische Hochschulschriften. Reihe 14, Angelsächsische Sprache und Literatur; Bd. 178.

Zur Funktion des Märchenhaften und seiner Entzauberung in Shakespeares Drama „The Merchant of Venice"

Ulrike Wronski, 2007

Einleitung

Sowohl auf dem englisch- als auch auf dem deutschsprachigen Buchmarkt sind Bücher erhältlich, die Shakespeares Dramen als Märchen nacherzählen und sich hauptsächlich an Kinder richten. „Tales from Shakespeare" von Charles Lamb und „Ein Sommernachtstraum – Ein Märchen nach Shakespeare" von Franz Schümann sind nur zwei Beispiele. Es fällt nicht schwer, sich Shakespeares Dramen als Märchen vorzustellen, zumindest die Komödien und Romanzen. Sie sind voller schöner Prinzessinnen, mutiger Helden, magischer Wesen und unwahrscheinlicher Begebenheiten. Märchen sind zweifellos eine von Shakespeares vielen Quellen, wenn er deren Elemente auch nicht unverändert übernimmt. Es scheint lohnenswert, an einem seiner Dramen einmal exemplarisch zu untersuchen, welche Elemente des Märchenhaften darin vorkommen und ob und wie sie verändert wurden sowie welchen Effekt diese Modifikationen haben.

Die Komödie *The Merchant of Venice* soll hier als Beispiel dienen und mit Hilfe folgender Fragestellung analysiert werden: Welche Elemente des Märchenhaften kommen in Shakespeares *The Merchant of Venice* vor und welche Funktion erfüllen sie? Um diese Frage beantworten zu können, muss zuerst geklärt werden, was typische Märchenelemente sind. Da die mittelalterlichen *Romances* viele Ähnlichkeiten mit dem Märchen aufweisen, soll in diesem Zusammenhang auch dieses Genre näher betrachtet werden. Im Anschluss wird untersucht, welche der Elemente im *Merchant of Venice* vorkommen und wo die Parallelen zum Märchen beziehungsweise zur *Romance* an ihre Grenzen stoßen, denn vermutlich werden zwar typische Bestandteile des Märchens zu finden sein, allerdings in abgewandelter Form. Im letzten Schritt dieser Arbeit soll dann geklärt werden, welche Funktion das Märchenhafte in Shakespeares Drama erfüllt, vor allem in Hinblick auf die vermuteten Brüche mit der Märchentradition.

Die Sekundärliteratur zu diesem Thema ist überschaubar: Einige Aufsätze zum *Merchant of Venice* befassen sich mit einzelnen Märchenelementen wie der Lotterie oder Belmont, ohne jedoch die jeweils anderen Bestandteile zu berücksichtigen.

Andere Untersuchungen zu Märchenelementen in Shakespeares Dramen stellen zumeist seine Romanzen oder andere Komödien wie *A Midsummer Night's Dream* in den Mittelpunkt, was dadurch zu erklären ist, dass diese Dramen eine größere Fülle dieser Elemente bieten als *The Merchant of Venice*.

Als Standardwerk der Märchenforschung gilt Max Lüthis „Das europäische Volksmärchen – Form und Wesen"[342]. Erstmals 1947 erschienen, berufen sich Literaturwissenschaftler noch heute auf seinen Katalog von Sturkturmerkmalen, der auch für die vorliegende Untersuchung Grundlage ist. Die Literatur zur Romance ist angesichts ihres Umfangs nahezu unüberschaubar (die Gründe dafür werden im folgenden Kapitel dargelegt), weshalb hier nur eine kleine Auswahl hinzugezogen wurde.

Märchen und *Romance* – Definitionen und Merkmale

Eine einheitliche Definition des **Märchen**begriffs lässt sich ebenso wenig finden wie eine einheitliche Benennung dieses Genres. Stefan Neuhaus zum Beispiel kritisiert den Begriff des Volksmärchens, denn er hält für bewiesen, dass Märchen immer einen Autor haben und nicht in Gemeinschaftsarbeit des Volkes entstanden sind[343]: „Der in französischer und englischer Sprache übliche Begriff der Feenmärchen trifft das Kennzeichnende der Gattung besser, doch auch er ist nur dann befriedigend, wenn man den ersten Teil des Kompositums, also die Feen, als *Pars pro toto* für das Wunderbare versteht."[344] In dieser Untersuchung soll dennoch der allgemeine Begriff Märchen verwendet werden, da eine Unterscheidung nach Kunstmärchen, Volksmärchen, Feenmärchen oder weiteren Unterkategorien in diesem Zusammenhang nicht sinnvoll ist, ebenso wie die Abgrenzung zur Sage oder Legende. Es genügt, Märchen als kürzere Prosaerzählungen aufzufassen, die wunderbare Begebenheiten zum Gegenstand haben.

Europäische Märchen haben häufig dieselben Ursprünge. Frederik Hetmann schreibt, die Grundsubstanz der englischen Märchen sei keltisches Phantasie- und Erzählgut, das jedoch durch Geschichten der Römer, Angeln, Sachsen und Jüten verändert worden sei.[345] Bis heute ließen sich in Norddeutschland und England Märchen mit sehr ähnlichen Motiven finden.

Max Lüthi beschreibt die typischen Charakteristika europäischer Volksmärchen. Als erstes Strukturmerkmal nennt er die Eindimensionalität.[346] Darunter versteht

---

342 Max Lüthi, Das europäische Volksmärchen – Form und Wesen, Tübingen, 19858. Im Folgenden zitiert als: Lüthi, Volksmärchen.
343 Vgl. Stefan Neuhaus, Märchen, Tübingen, 2005, 20.
344 Ebd., 371.
345 Vgl. Frederik Hetman, Englische Märchen, Frankfurt/Main, 1976, 8.
346 Vgl. Lüthi, Volksmärchen, 8ff.

er, dass sich diesseitige und jenseitige Welt ganz selbstverständlich begegnen. Das Geheimnisvolle und Fantastische riefen keine Verwunderung hervor, sondern gehörten zu derselben Dimension wie das Alltägliche.

Unter dem Begriff der Flächenhaftigkeit fasst Lüthi das zweite Merkmal zusammen.[347] Den Figuren und Gegenständen fehle die Dimension der Tiefe; Eigenschaften und Gefühle fänden nur in Handlungen Ausdruck, das Innenleben der Figuren komme nicht vor. „Das Märchen verzichtet auf räumliche, zeitliche, geistige und seelische Tiefengliederung."[348]

Das dritte wichtige Merkmal ist die abstrakte Erzählform[349]; Figuren, Gegenstände und Situationen würden nicht beschrieben, sondern bloß genannt. Situationen gingen abrupt ineinander über, es gebe keine langsamen Übergänge. Anfänge und Schlusssätze sowie gereimte Sprüche würden formelhaft wiederholt. Starre Formeln gälten auch bei Zahlen: Lüthi nennt die Eins, Zwei, Drei, Sieben und Zwölf. Wichtig sei im Zusammenhang mit der abstrakten Erzählform auch die Einsträngigkeit der Handlung, die keine Nebenhandlungen zulasse. Deshalb werde das Märchen in mehrere Episoden gegliedert, die nacheinander abliefen.

Ebenso wie die des Märchenbegriffs ist die Definition von **Romance** schwierig, was einerseits daran liegt, dass kein Konsens darüber besteht, ob *Romance* ein Genre ist oder ein Thema. Hinzu kommt, dass der Zeitraum, in dem *Romances* populär waren, sehr groß ist. Stevens schreibt: „It [the romance] is the major secular genre from the time of Chrétien de Troyes (c. 1180) to Chaucer (d. 1400) and beyond."[350]

Northrop Frye benutzt den Begriff *Romance* in zwei verschiedenen Zusammenhängen: Zum einen beschreibt er *Romance* als einen Modus, der fiktionalen Texten zugrunde liege.[351] Dabei sei der Held menschlich – wenn auch anderen Figuren und seiner Umwelt überlegen – die Handlungen jedoch seien wundersamer Natur:

---

347 Vgl. ebd., 13ff.
348 Ebd., 23.
349 Vgl. ebd., 25ff.
350 John Stevens, Medieval Romance – Themes and Approaches, New York, 1973, 15. Im Folgenden zitiert als: Stevens, Medieval Romance.
351 Vgl. Northrop Frye, Anatomy of Criticism: Four Essays, Princeton, 1957, 33.

The hero of romance moves in a world in which the ordinary laws of nature are slightly suspended: prodigies of courage and endurance, unnatural to us, are natural to him, and enchanted weapons, talking animals, terrifying ogres and witches, and talismans of miraculous power violate no rule of probability [...].[352]

Zum anderen grenzt Frye den Begriff *Romance* ab von den Begriffen Komödie, Tragödie und Ironie/Satire und nennt die vier Kategorien „mythoi" oder „generic plots".[353] Bei dieser Unterscheidung sei das Abenteuer („the successful quest") das wichtigste Plotelement der *Romance*.[354]

Die Parallelen zwischen Märchen und *Romance* betont Brewer: „Romance is appropriately associated with fairy tale and the mode of folktale generally. [...] That is, the story follows the normal fairy-tale pattern of quest, conflict with giants etc., and winning the princess."[355] Märchen und *Romance* ähneln sich auch in der fehlenden Tiefenschärfe der Figuren:

[W]*ith a few rare exceptions, the great majority of romantic heroes, heroines, and villains are puppets, actuated by impossible motives, roughly simplified, and grouped in rigid categories of good and bad. The men are seldom more vital than personifications of abstract human qualities, while the woman have two main functions – to look beautiful, of course, and to inspire love and devotion.*[356]

Weitere Charakteristika der *Romance* nennt Pettet: Verkleidungen, missverstandene Identitäten und mangelndes Erkennen seien typisch für Erzählungen der romantischen Art. Um diese Elemente verwenden zu können, müssten aber ebenso Unwahrscheinlichkeiten und Zufälle in die Handlung eingebaut werden, auch um am Ende poetische Gerechtigkeit, das heißt ein glückliches Ende, erreichen zu können, das ebenso zu den Konventionen der *Romance* gehöre.[357]

Zusammengefasst lässt sich also sagen, dass Märchen und *Romance* sich in vielen Merkmalen sehr ähnlich sind: Sie handeln von Abenteuern der außergewöhnlichen und wunderbaren Art. Den Figuren fehlt psychologische Tiefe, sie sind flächenhaft gezeichnet. Unwahrscheinlichkeiten und Zufälle

---

352 Ebd.
353 Vgl. ebd., 162.
354 Vgl. ebd., 186f.
355 Derek Brewer, The Battleground of Home – Versions of Fairy Tales, in: Encounter – Literature, Arts, Current Affairs, London, 1980, 54: 56. Im Folgenden zitiert als Brewer Battleground of Home.
356 E. C. Pettet, Shakespeare and the Romance Tradition, London, 1970, 29f. Im Folgenden zitiert als Pettet, Romance Tradition.
357 Vgl. Pettet, Romance Tradition, 28f.

treiben die Handlung voran und führen sie zu einem glücklichen Ende. Nun soll überprüft werden, inwieweit die typischen Märchenelemente[358] auf den *Merchant of Venice* zutreffen.

Elemente des Märchenhaften in *The Merchant of Venice*

Dass sich Shakespeare in vielen seiner Dramen auf die romantische Tradition beruft, ist offensichtlich. Brewer zum Beispiel schreibt: „He [Shakespeare] is one of the most traditional writers, drawing deep on medieval romance […]"[359] Es wäre im 16. Jahrhundert auch unmöglich gewesen, dieses Genre zu ignorieren: "[A]part from the classics, romantic literature was almost the only non-didactic reading matter available, and it was bound, therefore, to exercise a strong and continuous pressure on creative writing."[360] Laut Stevens sind die Hauptwerke der Elisabethanischen Literatur entweder weitestgehend selbst *Romances* oder sie stehen in der Schuld der *Romance*-Tradition. Als Beispiel nennt er Shakespeares *A Midsummer Night's Dream*.[361]

The Merchant of Venice weist einige Elemente des Märchenhaften auf, allerdings nicht im Haupthandlungsstrang. Der Vertrag zwischen Shylock und Antonio sowie seine Verhandlung in der Gerichtsszene haben nichts Märchenhaftes an sich. Märchenelemente lassen sich fast nur in Belmont, der Heimat Portias, finden. Deshalb beginnt die vorliegende Textanalyse damit, die Lotterie mit den drei Kästchen sowie die drei Verehrer, die sich am Rätsel versuchen, zu untersuchen. Im Anschluss soll näher auf Portia, die schöne und reiche „Prinzessin", eingegangen werden. Dann rückt Belmont, der Schauplatz des märchenhaften Treibens, in den Mittelpunkt, bevor abschließend die Natur von Harmonie und Glück im fünften Akt sowie das Dramenende untersucht werden sollen.

Die Lotterie als Bewährungsprobe

Die Lotterie-Geschichte stammt nicht von Shakespeare, sondern war in ihren Grundzügen schon vorher bekannt. Muir schreibt dazu: „The casket story was

---

[358] Im Folgenden wird nur noch von Märchenelementen gesprochen, womit sowohl die soeben aufgeführten Merkmale des Märchens als auch die der Romance gemeint sind.
[359] Brewer Battleground of Home, 57.
[360] Pettet, Romance Tradition, 32.
[361] Vgl. Stevens, Medieval Romance, 15.

even more popular than that of the pound of flesh. Both were included in the Gesta Romanorum, but only the former in the translation of Wynhyn de Worde (c. 1512) and Richard Robinson (1577, 1595)."[362]

Im Märchen spielt das Rätsel als Form der Bewährungsprobe eine wichtige Rolle. Poser zufolge können die Bewährungsproben entweder Mutproben, Geduls- und Ausdauerproben oder Scharfsinnsproben sein.[363] Bei der Lotterie, die sich Portias Vater ausgedacht hat, handelt es sich um eine Scharfsinnsprobe, denn die Bewerber müssen versuchen, anhand der Inschriften auf den Kästchen und des Materials der Behälter auf ihren Inhalt zu schließen. Die Bedingungen, die an das Rätsel geknüpft sind, sind märchenhaft, weil sie extrem sind. „Die Aufgabe ist gerne mit extremer Belohnung und Bestrafung verbunden: Prinzessin und Reich oder Tod [...]", schreibt Lüthi.[364] Zwar droht den Bewerbern im *Merchant of Venice* nicht der Tod, sie gehen dennoch ein hohes Risiko ein, denn sie dürfen nie wieder um eine Frau werben, wenn sie falsch raten (vgl. 2.1.40-42). Auch Portia unterliegt strengen Regeln: Sie darf denjenigen, der das richtige Kästchen wählt, nicht ablehnen, genauso wenig wie sie ihren Favoriten wählen darf (vgl. 1.2.22-23).

Die Zahl drei kommt im Zusammenhang mit der Lotterie gleich zweimal vor. Zum einen stehen drei Kästchen zur Auswahl, zum anderen wird in drei Episoden näher beschrieben, wie sich einzelne Freier an der Lotterie versuchen: Der Prinz von Morocco, der Prinz von Arragon und Bassanio probieren nacheinander, das Rätsel zu lösen. Lüthi zufolge sind die Eins, die Zwei, die Drei, die Sieben und die Zwölf Zahlen mit ursprünglich magischer Bedeutung und Kraft.[365] In der Episodenbildung jedoch herrsche die Dreizahl, denn eine siebenfache oder zwölffache Reihung wäre nicht mehr übersichtlich genug. Die Neigung zu formelhaften Zahlen trage zur Abstraktheit des Märchens bei.

Diesen Effekt erziele in Märchen auch die Verwendung von Metallen, wobei bevorzugt die edlen und seltenen wie Gold, Silber und Kupfer vorkämen.[366] Im *Merchant of Venice* verbirgt sich der Preis im wertlosesten Kästchen, dem aus Blei. Dadurch wird ein Widerspruch thematisiert, der in Märchen im Allgemeinen aber auch in vielen Werken Shakespeares eine Rolle spielt: der

---

362 Kenneth Muir, The Sources of Shakespeare's Plays, London, 1977, 89.
363 Vgl. Therese Poser, Das Volksmärchen – Theorie, Analyse, Didaktik, München, 1980, 21. Im Folgenden zitiert als Poser, Volksmärchen, 20f.
364 Lüthi, Volksmärchen, 30.
365 Vgl. Lüthi, Volksmärchen, 33.
366 Vgl. ebd., 27f.

Unterschied zwischen Schein und Sein. Nur wer den erkennt, kann das Rätsel lösen. Diese Deutung findet im Inneren der Kästchen ihre Bestätigung: „All that glisters is not gold" (2.7.65) steht im goldenen Kästchen, während Bassanio im bleiernen Kästchen folgende Botschaft findet: „You that choose not by the view / Chance as fair, and choose as true" (3.2.131-132).

Doch warum können Bassanios Vorgänger dieses Rätsel nicht lösen? Im Gegensatz zu Bassanio sind sie von edler Geburt, beides reiche Prinzen, die viel besser zur wohlhabenden Erbin Portia zu passen scheinen. Bassanio ist finanziell im Nachteil („[...] had I but the means / To hold a rival place with one of them", 1.1.173-174) und stammt aus einer niederen gesellschaftlichen Schicht ("a scholar and a soldier", 1.2.109).

Die Prinzen scheitern aufgrund charakterlicher Fehler. Lüthi schreibt dazu: „Der Unheld verschuldet sein Unglück durch irgendein Versagen oder eine schlechte Eigenschaft [....]"[367] Marocco scheitert, weil er selbstgefällig ist und aus seiner Herkunft einen Anspruch auf Portia ableitet (vgl. 2.7.32-33). Aragons Fehler ist, dass er sich für jemand Besonderen hält, der sich nicht mit gewöhnlichen Menschen gemein machen möchte und deshalb nicht das goldene Kästchen wählt, das verspricht, was viele Männer wünschen (vgl. 2.9.31-33). Dem bleiernen Kästchen schenkt er kaum Beachtung, da es ihm nicht schön genug ist (vgl. 2.9.22).

Bassanio hingegen löst das Rätsel, weil er sich nicht vom Schein blenden lässt, sondern erkennt, dass dieser oft trügerisch ist (vgl. u. a. 3.2.73-74). Seine Liebe zu Portia befähigt ihn außerdem, die Inschrift auf dem bleiernen Kästchen als Beschreibung der Liebe zu erkennen. Für die Liebe muss man alles riskieren und Bassanio geht ein Risiko ein, indem er auf das bleierne Kästchen setzt, dessen Inschrift eher droht als etwas verheißt (vgl. 3.2.105). Portia würdigt sein Handeln denn auch als heldenhafte Tat, indem sie Bassanio mit Herkules vergleicht (vgl. 3.2.60). Das deutet Hamill folgendermaßen:

> *Portia's imagination of Bassanio's choice as an Herculean feat emphasizes that the heroic lover need not undertake literally dangerous exploits; as the inscription on the lead casket implies, love's heroism is a metaphor that expresses the lover's willingness to 'give and hazard all he hath' (II.ix.21).*[368]

---

367 Ebd., 71.
368 Monica J. Hamill, Poetry, Law, and the Pursuit of Perfection: Portia's Role in The Merchant of Venice, in: Studies of English Literature 1500-1900, Baltimore, 1978, 18(2): 235. Im Folgenden zitiert als Hamill Portia's Role.

Die Lotterieszenen sind voller Unwahrscheinlichkeiten: Keiner der Freier, die ihr Glück vor Bassanio versucht haben, hat das bleierne Kästchen gewählt und Bassanio löst das Rätsel ohne große Mühe und ist auch noch derjenige, den Portia liebt. Levin schreibt: „It stretches the long arm of coincidence when Bassanio [...] is both the first she has liked and the first to opt for lead. [...] Yet under the circumstances, and in view of the alternatives, she seems even luckier than he."[369] Im *Merchant of Venice* fehlen magische oder wunderhafte Begebenheiten, die vielen Märchen zueigen sind, doch Unwahrscheinlichkeiten und Zufälle treten an ihre Stelle. Lüthi vergleicht den Zufall mit Zauberei: „[D]as genaue Passen der einzelnen Situationen aufeinander ist genauso wunderhaft wie irgendwelche äußeren Zaubereien, ja es ist in Wahrheit viel wirklichkeitsferner als sie."[370]

So märchenhaft die Lotterie auch anmutet, Bassanio ist bei näherem Hinsehen nicht der typische, das heißt fehlerlose Märchenheld. Er begibt sich nicht nur aus dem edlen Motiv der Liebe auf Pilgerreise nach Belmont, sondern als Mitgiftjäger. Als er Antonio von seinen Absichten erzählt, nennt er erst Portias Erbe, dann ihre Schönheit und zuletzt ihre Tugenden (vgl. 1.1.161-163) und der Vergleich Portias mit dem goldenen Fließ (vgl. 1.1.169-170) unterstützt den Eindruck, seine Motive seien vorrangig ökonomischer Natur. Hinzu kommt, dass das Geld, das Bassanio bei seiner Brautwerbung aufs Spiel setzt, nicht sein eigenes ist, sondern Antonios. Er riskiert also nicht wirklich etwas von sich selbst für die Liebe und so wirkt die Belohnung etwas unverdient und die Sympathie des Lesers ist ihm nicht so sicher wie dem Helden im Märchen. Dass er später Portias Ring verschenkt und damit sein Gelübde bricht, ist ein weiterer Hinweis auf seine Unvollkommenheit (zum Ringverlust siehe auch die folgenden Kapitel).

Portia als Königstochter

Elke Feustel, die die weiblichen Figuren in Grimms Kinder- und Hausmärchen typologisiert hat, ordnet junge, unverheiratete Frauen dem Königstochtertypus zu. Feustel beschreibt die Königstochter als „schillerndste Persönlichkeit" und

---

[369] Harry Levin, A Garden in Belmont: The Merchant of Venice, in: Elton, W. R., Shakespeare and Dramatic Tradition: Essays in Honor of S. F. Johnson, Newark, 1989, 18. Im Folgenden zitiert als Levin, Garden.
[370] Lüthi, Volksmärchen, 32.

„fulminant schön"³⁷¹, wobei Schönheit für Vollkommenheit im Allgemeinen stehe und jegliche positiven Charakterzüge einschließe.³⁷² Lüthi zufolge liebt das Märchen alles Extreme und die Figuren sind entweder vollkommen schön und gut oder gänzlich hässlich und böse.³⁷³ Und auch die Romance kennt laut Stevens die begehrenswerte, wunderschöne Heldin, die zudem mysteriös, distanziert und unerreichbar ist.³⁷⁴

„Fairy tale and folklore helped shape the heroines in Shakespeare's comedies and romances", schreibt Nancy McNeely.³⁷⁵ Im *Merchant of Venice* fällt die Rolle der bezaubernden Königstochter Portia zu. Bassanio stellt ihre Schönheit auf eine Stufe mit der Schönheit von Catos Tochter gleichen Namens (vgl. 1.1.165-166), die als römisches Modell der Perfektion galt. Sie ist einer Königstochter gleich umworben von vielen Freiern, sehr reich und lebt in einem weit entfernten Land. Griston beschreibt sie als „fabled beauty dwelling in a distant fairyland".³⁷⁶ Diese Prinzessin ist das Ziel von Bassanios Reise und sein Lotteriepreis.

Doch ähnlich wie Bassanio ist auch Portia bei näherem Hinsehen nicht ohne Fehler. Sie ist ein komplexer Charakter, der sich nicht in guten Eigenschaften erschöpft. Sie lästert über ihre Freier (vgl. 1.2.39ff.), legt Shylock mit einem hinterhältigen Trick herein und führt ihren Mann an der Nase herum (vgl. u. a. 5.1.260-262). Levin zählt die widersprüchlichen Facetten ihrer Figur auf:

Sie sei zugleich bezaubernde Frau, Schlossherrin, Klatschbase, Wildfang, Rechtsgelehrte, Schlingel und Geliebte.³⁷⁷ Die Kombination aus guten und schlechten Charakterzügen und Handlungen, die moralisch mal einwandfrei und mal fragwürdig sind, macht aus Portia eine lebendige Figur und unterscheidet sie so von typischen Märchenfiguren. Nancy McNeely sieht in dieser Psychologisierung der Figuren die größte Veränderung, die Shakespeare bei der Verwendung von Märchenplots vorgenommen hat.³⁷⁸ Sie bezeichnet Portia als

---

371 Elke Feustel, Rätselprinzessinnen und schlafende Schönheiten – Typologie und Funktionen der weiblichen Figuren in den Kinder- und Hausmärchen der Brüder Grimm, Hildesheim u.a., 2004, 256.
372 Vgl. ebd, 256f.
373 Vgl. Lüthi, Volksmärchen, 34.
374 Vgl. Stevens, Medieval Romance, 20.
375 Nancy McNeely, Women's Quest for Identity – Folklore and Fairy-Tale Archetypes in Shakespearean Comedy and Romance, in: Dissertation Abstracts International Section A: The Humanities and Social Sciences, Ann Arbor/Michigan, 1998, 59(2): 497. Im Folgenden zitiert als McNeely, Women's Quest.
376 Harris Griston, Portia's Belmont Located, in: The Shakespeare Association Bulletin, New York, 1932, 7: 164. Im Folgenden zitiert als Griston, Belmont Located.
377 Vgl. Levin, Garden, 18.
378 Vgl. McNeely, Women's Quest, 497.

bestes Beispiel unter Shakespeares Heldinnen für einen dynamischen Charakter, den sie folgendermaßen definiert:

> [D]ynamic heroines are more lively, quick-witted, enterprising, intuitive, and independent. They are able to look inward and recognize the changes needed to facilitate the successful quest for identity. [...] Among these more assertive heroines, we see the drive to establish identities for themselves not wholly dependent upon marriage.[379]

Das ist genau was Portia macht. Als Tochter muss sie ihrem Vater gehorchen und tun, was er von ihr verlangt, auch wenn sie sich ihren Ehemann lieber selber auswählen würde. In ihrer Ehe aber ändert sie die Spielregeln und hält an ihrer Unabhängigkeit fest. Zwar ordnet sie sich im Liebestaumel Bassanio vollkommen unter („[...] her gentle spirit / Commits itself to yours to be directed, / As from her lord, her governor, her king.", 3.2.163-165), mit der Übergabe des Ringes nennt sie aber auch die Bedingung für ihre Selbstaufgabe: Treue. Dafür steht der Ring und sein Verlust bedeutet Untreue. Portia droht, dass ihre Liebe zerstört sei, wenn er den Ring verlöre (vgl. 3.2.172-173). Als Bassanio vor Gericht sogar bereit ist, seine Frau für die Rettung seines Freundes zu opfern (vgl. 4.1.280-283) und er sich später den Ring abschwatzen lässt, relativiert sich ihr Bild von ihrem Ehemann und der Liebe. Sie vergibt ihm zwar am Ende, jedoch nicht ohne ihn vorher leiden zu lassen.

Dabei wird deutlich, dass Portia die Fäden in der Hand hält. Sie erteilt nicht nur ihrem Ehemann eine Lehre, sondern befreit Antonio durch ihren Scharfsinn vor dem Tod. Im fünften Akt führt sie die Auflösung herbei, indem sie das Verwirrspiel um ihre doppelte Identität enthüllt, Antonio von der glücklichen Wiederkehr seiner Schiffe berichtet und Lorenzo und Jessica über ihr reiches Erbe informiert.

Auch wenn Portia in ihrem Status und Aussehen dem Typus der Königstochter entspricht, geht ihre Rolle über die einer Märchenfigur doch weit hinaus.

Belmont als Märchenwelt

Ebenso wie die Figur Portia trägt auch ihr Zuhause märchenhafte Züge: Belmont ist ein fiktionaler Ort, über dessen reales Vorbild nur Vermutungen angestellt werden können. Die Venezianer reisen auf dem Wasserweg dorthin und es

---

379 Ebd.

scheint eine längere Reise zu sein, denn Bassanio braucht viel Geld, um die Fahrt zu finanzieren. Griston beweist anhand des Dramentexts, dass Belmont nicht in unmittelbarer Nähe von Venedig lokalisiert werden kann, sondern mehrere Tagesreisen mit dem Schiff entfernt liegt.[380] Er beschreibt es als Land umgeben von Wasser, das gleich gut zu erreichen sei aus allen Ländern, aus denen die Freier anreisen. Deshalb vermutet Griston, dass eine Stadt auf Sizilien, die Belmonte heißt, das reale Vorbild für Shakespeares Belmont ist.

An dieser Stelle soll es jedoch nicht darum gehen, ob und wo es das reale Belmont gibt, sondern die Frage geklärt werden, wofür das fiktionale Belmont steht und was seine Funktion in Shakespeares Drama ist. Wie soeben erläutert, ist Belmont weit entfernt von Venedig. Schon dadurch wirkt es märchenhaft, denn der Gegensatz von Enge und Ferne gehört Lüthi zufolge zu den entscheidenden Polen im Märchen: „[...] dem Rahmen, den das Märchen um die Vorgänge und Dinge legt (Zimmer, Fenster, Zaun, Turm, Schloß, Koffer), steht die weitausgreifende Handlung gegenüber; sie führt in fernste Fernen."[381] Wichtig ist auch, dass Belmont ein anderes Land ist oder in einem anderen Land liegt als Venedig, was deutlich wird, als Bassanio Portia gegenüber von anderen Venezianern als seinen Landsleuten spricht (vgl. 3.2.222).

Das Ausländische, das Fremde dient hier als Bestandteil des Wunderbaren. Stevens gliedert das Wunderbare („*the marvellous*") in der *Romance* in vier Kategorien[382]: Das Exotische sei das, was dem Gewöhnlichen am nächsten komme.

Dann folge das Mysteriöse, dessen Ursache nicht geklärt werden könne, die dritte Kategorie sei das Magische, was durch die Menschen kontrolliert sei, und die vierte das Wunder, kontrolliert von Gott. Das Exotische führt Stevens weiter aus: „[...] the exotic, that is the foreign, strange and remote."[383] Auch auf seinen Effekt kommt er zu sprechen: „[...] the exotic invites us to feel the thrill of fascination, of intriguing strangeness [...]".[384]

Im *Merchant of Venice* kommen keine mysteriösen, magischen oder wunderhaften Elemente vor, wohl aber lässt sich Exotisches finden. Für den elisabethanischen Theaterbesucher waren beide Schauplätze ausländisch, fremd

---

380 Vgl. Griston, Belmont Located, 169.
381 Lüthi, Volksmärchen, 73.
382 Vgl. Stevens, Medieval Romance, 99ff.
383 Ebd., 99.
384 Ebd., 100.

und weit entfernt, sowohl Venedig als auch Belmont. Im Rahmen der Dramenhandlung ist jedoch nur Belmont ein solch exotischer Ort.

Der fünfte Akt spielt in einem Hain vor Portias Haus. Zu Beginn sitzen Lorenzo und Jessica dort in einer mondbeschienenen Nacht zusammen, von lauem Wind umweht, Lorenzo lässt Musik spielen und flüstert Jessica Liebesschwüre ins Ohr. Diese Szenerie trägt Züge eines Locus amoenus, dem Topos eines lieblichen Ortes. Belmont scheint der positive Gegenentwurf zu Venedig zu sein: Weit weg vom rücksichtslosen und risikoreichen Geschäftsleben der Metropole, pedantischer Auslegung von Verträgen und Gesetzen sowie Hass, Neid und Missgunst präsentiert sich Belmont als idyllische Alternative zum kapitalistischen Venedig, als Hafen der Liebenden und Heimat von Harmonie und Sorglosigkeit. Mulryne nennt weitere Kontraste, die beim Vergleich zwischen Belmont und Venedig auffallen:

> *The impression we draw of Belmont, that is, superficial as it may be, is of a leisured society based on inherited wealth, a 'beautiful mount', secure and landed, in contrast to the insecure society of Venice, uneasily dependent on, and ambivalent about, the risks of commerce and sea.*[385]

Doch auch die Märchenwelt von Belmont ist nicht perfekt, sondern offenbart Widersprüche unter der Oberfläche von Harmonie und Glückseligkeit. Diese sollen im folgenden Kapitel näher untersucht werden.

Harmonie und Happy End

Glück ist ein zentrales Thema des Märchens. Laut Poser ist dieses Glück meistens an Reichtum und die Erringung der Braut oder des Bräutigams gekoppelt.[386] Diese Ziele verfolgen auch die drei Liebespaare im *Merchant of Venice*: Bassanio will die schöne und reiche Portia zur Frau, Portia möchte einen Ehemann, den sie liebt, und nicht einen, der ihr durch die Lotterie zugewiesen wird. Jessica sucht nach Unabhängigkeit von ihrem tyrannischen Vater und nach Liebe. Lorenzo möchte Jessica gewinnen und sein Glück wird gesteigert, als er am Ende auch noch das Geld ihres Vaters erbt. All diese Ziele werden erreicht und dennoch sind die Figuren am Dramenende nicht unbeschwert glücklich.

---

385 J. R. Mulryne, History and myth in The Merchant of Venice, in: Marrapodi, Michele u.a. (Hg.), Shakespeare's Italy – Functions of Italian locations in Renaissance drama, Manchester, 1993, 93.
386 Vgl. Poser, Volksmärchen, 19.

Die Wörter „harmony" (5.1.57 und 5.1.63), „music" (insgesamt elf Nennungen, z. B. 5.1.55, 5.1.68) und „sweet" (insgesamt 14 Nennungen, z. B. 5.1.2, 5.1.57) sind Schlüsselbegriffe im fünften Akt, die vor allem im Dialog von Lorenzo und Jessica verwendet werden. Oberflächlich betrachtet handelt es sich bei dem Treffen der beiden um eine romantische Begegnung, bei der die Liebenden von der Schönheit der Nacht und ihrer Liebe schwärmen. Sie teilen sich die Verse als würden sie gegenseitig ihre Sätze beenden (vgl. z.B. 5.1.6 und 5.1.9) und wiederholen in diesen Versen die ritualisierte Schwurformel „In such a night" als sängen sie den Refrain eines Liedes.

Sie vergleichen ihre Liebe mit der mythischer Liebespaare (Troilus und Cressida, Pyramus und Thisbe, Dido und Aeneas, Medea und Jason, vgl. 5.1.4-13) und bereits da bekommt die Szene einen negativen Beigeschmack, denn all diese Beziehungen endeten tragisch. Auch, dass Jessica ihrem Geliebten Untreue vorwirft (vgl. 5.1.19-20) und erwidert, Musik mache sie niemals fröhlich (vgl. 5.1.69), zerstört den harmonischen Eindruck der Szene. Man möchte Jessica bereitwillig glauben, dass Lorenzo nicht hält, was seine Treueschwüre versprechen, denn seine Rede wirkt in ihrer Schwülstigkeit übertrieben und ihrer Bildhaftigkeit abgedroschen. Die häufige Wiederholung des Adjektivs „sweet" ist nur ein Beispiel dafür.

Lorenzo bittet Portias Musiker, für sie zu spielen, und spricht wiederholt von Musik und ihrer Kraft. Musik galt zur Zeit Shakespeares als Symbol für Harmonie und menschliche Musik spiegelte den Versuch wider, die Sphärenklänge der sich harmonisch bewegenden Himmelskörper zu imitieren. In dieser Szene hat Musik jedoch noch eine andere – weltlichere – Funktion, wie Berley schreibt:

> *The Neoplatonic theory of the 'sweet power of music' – namely, that music can penetrate one's soul and draw it to heaven – merely complicates the matter of wooing with false vows, for it is deeply related to seduction by false music, as well as, more generally, penetration of Jessica's body.*[387]

Lorenzo versucht also nicht, Jessica mit Argumenten von seiner Treue zu überzeugen, sondern sie mit neuen Versprechungen und der verführerischen Kraft der Musik ins Bett zu locken.

---

[387] Marc Berley, Jessica's Belmont Blues – Music and Merriment in The Merchant of Venice, in: Herman, Peter C., Opening the Borders: Inclusivity in Early Modern Studies: Essays in Honor of James V. Mirollo, Newark, 1999, 189.

Auch Portia ist von ihrem Mann enttäuscht worden. Unter dem Eindruck, dass Bassanio ihren Ring weggegeben hat, ist ihre Stimmung bei ihrer Rückkehr nach Belmont niedergeschlagen. Sie relativiert den Gesang von Lerche und Nachtigall, indem sie ihn mit dem von Krähe und Gans vergleicht (vgl. 5.1.102-106). So werden die Vögel, die den Topos der romantischen Liebesnacht mit ihrem Gesang komplettieren, den unmusikalischen Vögeln gleichgestellt. Portia weist auch darauf hin, dass der Mond, den Lorenzo so gepriesen hat, schläft (vgl. 108-109), also nicht zu sehen ist und entzaubert so eine weitere Requisite der romantischen Nacht.

Nerissa ergeht es mit ihrem Mann nicht anders als Portia. Auch er verschenkt seinen Ring und zeigt damit, dass ihm Treuegelübde nicht viel bedeuten. Alle drei Ehemänner sind nicht mehr die perfekten Geliebten, für die sie ihre Frauen anfangs hielten, und umgekehrt sind die Männer wohl auch nicht erfreut, dass ihre Frauen ihnen widersprechen oder sie gar in Verkleidung überlisten. Die Liebenden im *Merchant of Venice* müssen lernen, dass es keine perfekte Liebe gibt. Das Konzept der romantischen Liebe wird auf eine realistische Ebene gebracht.

Harmonie ist ebenso schwer zu erreichen wie perfekte Liebe und auch der Harmoniegedanke wird im fünften Akt auf seine Grundlagen verwiesen: Der Mensch muss die Voraussetzungen für Harmonie schaffen und sie sich mit guten Taten und moralischer Stärke erarbeiten. Portia vergleicht die Wirkung einer guten Tat in einer schlechten Welt mit dem Schein einer Kerze in der Nacht (vgl. 5.1.89-91). Der Hass und die Missgunst, die die Figuren in den ersten vier Akten gezeigt haben, brauchen jedoch viele gute Taten zum Ausgleich. So ist selbst in Belmont, das einer Märchenwelt viel näher kommt als Venedig, die Harmonie brüchig.

The Merchant of Venice endet zwar mit einem glücklichen Ende, wie es für eine Komödie typisch ist, ein bitterer Nachgeschmack bleibt jedoch. Damit zeigt Shakespeare, dass das wirkliche Leben kein Märchen ist, wie Levin ganz richtig einschätzt: „One of the objections to comedy, and to most fiction, is that real human beings can never count on living happily ever after. Since this truism is intimated by *The Merchant of Venice*, it looks beyond its genre."[388] So hört Shakespeares Drama nicht wie die meisten Märchen mit der Hochzeit der Helden auf, sondern beschreibt auch die Zeit danach und macht deutlich, dass

---

[388] Levin, Garden, 31.

Harmonie, Glück und Liebe sehr komplexe Dinge sind, deren Eintreten beziehungsweise Dauerhaftigkeit sich die Menschen hart erarbeiten müssen. Sie fallen den Figuren im *Merchant von Venice* am Ende nicht einfach zu und das unterscheidet den Schluss des Dramas erheblich von einem typischen Märchenende. Während das Märchen die Welt verklärt und zeigen will, dass die jenseitigen Kräfte sicher und sinnvoll wirken[389], zeigt Shakespeare die verwirrende und unklare Wirklichkeit und gibt nicht vor, ihre Widersprüche erklären zu können.

Summary and Conclusion

To sum up, there are numerous fairy-tale elements in *The Merchant of Venice*, especially in the Belmont scenes, although Shakespeare employs them in a modified way and for a purpose which is very different from the effect fairy-tales usually have.

Some characteristics of fairy-tales are adopted without any change: Number three appears twice in the casket story and the caskets are made of gold, silver and lead, which are typical metals in fairy-tales. The lottery is Bassanio's test of perspicacity and he manages to win the fair and rich lady because he understands that appearances can be deceiving and is also willing to hazard all he has. Against logic, Bassanio's predecessors have not been able to solve the riddle and he is the first one who is able to do so and at the same time the one whom Portia loves. Such coincidences and improbabilities are typical of fairy-tales and also represent the marvellous. Another marvellous element in *The Merchant of Venice* is the exotic setting of the distant country Belmont, which is strange and fascinating at the same time. And last but not least, the play results in a happy ending, which is also characteristic of fairy-tales.

The most striking difference between fairy-tales and *The Merchant of Venice* is the construction of their characters. Shakespeare's characters are psychologically complex and able to develop, whereas fairy-tale characters usually are unchanging and without psychological depth. Bassanio and Portia, for example, are hero and heroine in the fairy-tale plot of *The Merchant of*

---

389 Vgl. Lüthi, Volksmärchen, 79.

Venice but they are far from perfect; they comprise morally good and bad traits. Only through this ambiguity their characters appear to be vivid and realistic.

Belmont often seems to be a fairy-tale setting, but though it represents a better world than Venice, it is no perfect world either. Under its surface there are tensions and contradictions, which show that harmony and happiness cannot be achieved in their pure form as long as there is hatred and violence in the world.

Although the play ends happily, what remains is confusion caused by the tensions in the fifth act. This effect is not fairy-tale-like at all because fairy-tales glorify the world and the forces which watch over men. Shakespeare, however, does not promise easy solutions or absolve men from their responsibility for the world but makes us aware of life's complexity. In this respect *The Merchant of Venice* is still very relevant to the 21st century.

Literaturverzeichnis

Primärliteratur

Shakespeare, William, The Merchant of Venice. The Arden Shakespeare. John Russell Brown (Hg.), London, 1997.

Sekundärliteratur

Berley, Marc, Jessica's Belmont Blues – Music and Merriment in The Merchant of Venice, in: Herman, Peter C., Opening the Borders: Inclusivity in Early Modern Studies: Essays in Honor of James V. Mirollo, Newark, 1999, 185-205.

Brewer, Derek, The Battleground of Home – Versions of Fairy Tales, in: Encounter – Literature, Arts, Current Affairs, London, 1980, 54: 52-61.

Feustel, Elke, Rätselprinzessinnen und schlafende Schönheiten – Typologie und Funktionen der weiblichen Figuren in den Kinder- und Hausmärchen der Brüder Grimm, Hildesheim u.a., 2004.

Frye, Northrop, Anatomy of Criticism: Four Essays, Princeton, 1957.

Griston, Harris, Portia's Belmont Located, in: The Shakespeare Association Bulletin, New York, 1932, 7: 162-173.

Hamill, Monica J., Poetry, Law, and the Pursuit of Perfection: Portia's Role in The Merchant of Venice, in: Studies of English Literature 1500-1900, Baltimore, 1978, 18(2): 229-243.

Hetman, Frederik, Englische Märchen, Frankfurt/Main, 1976.

Levin, Harry, A Garden in Belmont: The Merchant of Venice, in: Elton, W. R., Shakespeare and Dramatic Tradition: Essays in Honor of S. F. Johnson, Newark, 1989, 13-31.

Lüthi, Max, Das europäische Volksmärchen – Form und Wesen, Tübingen, 19858.

McNeely, Nancy, Women's Quest for Identity – Folklore and Fairy-Tale Archetypes in Shakespearean Comedy and Romance, in: Dissertation Abstracts International Section A: The Humanities and Social Sciences, Ann Arbor/Michigan, 1998, 59(2): 497.

Muir, Kenneth, The Sources of Shakespeare's Plays, London, 1977.

Mulryne, J. R., History and myth in The Merchant of Venice, in: Marrapodi, Michele u.a. (Hg.), Shakespeare's Italy – Functions of Italian locations in Renaissance drama, Manchester, 1993, 87-99.

Neuhaus, Stefan, Märchen, Tübingen, 2005.

Pettet, E. C., Shakespeare and the Romance Tradition, London, 1970.

Poser, Therese, Das Volksmärchen – Theorie, Analyse, Didaktik, München, 1980.

Stevens, John, Medieval Romance – Themes and Approaches, New York, 1973.

Sympathielenkung und Schuldfrage in Shakespeares *King Lear*

Habib Tekin, 2010

All that follow their noses are led by their eyes but blind men, and there's not a nose among twenty but can smell him that's stinking[390]

---

[390] Foakes, R.A. (Hg.): William Shakespeare: King Lear (1609). 3. Auflage. 1997 London (The Arden Shakespeare), S. 242. [Im Folgenden wird wie folgend zitiert: Shakespeare, S.XX.]

Einleitung

Die folgende Ausarbeitung befasst sich mit der Schuldfrage und die dazugehörige Analyse der Sympathielenkung in Shakespeares Drama *King Lear*. Der Aufsatz grenzt stark Figuren ein, sodass nur der Vater bzw. König Lear und die drei Töchter jeweils analysiert werden. Der Leser wird schnell merken, dass er mit der Zeit eine gewisse Sympathie zu König Lear und seiner jüngsten Tochter Cordelia entwickelt und eine Antipathie zu den anderen Töchtern Goneril und Regan. Bemerkenswert ist aber, dass sowohl Lear als auch Cordelia in ihren Verhaltensweisen und Einschätzungen nicht ganz ordnungsgemäß agieren. Die Entscheidungen sind sehr effektiv, wirkungsvoll und gegen die Vorbestimmungen des jeweiligen Zeitalters. Obwohl Regan und Goneril eigentlich nach den Werten und Normen ihrer Zeit handeln, werden sie hauptsächlich für schuldig erklärt und es besteht sozusagen eine Antipathie gegen sie. Die vorliegende Ausarbeitung soll genau an dieser Stelle eingreifen und zeigen, dass sowohl Lear und Cordelia als auch Regan und Goneril in gewisser Weise schuldig am dramatischen Geschehen sind und dass eine intendierte Sympathielenkung zu Lear und Cordelia nachzuweisen ist.

Demzufolge ist der Einstieg mit einem Theorieteil der Sympathielenkung nach Manfred Pfister festgelegt. Anschließend folgt die Textanalyse. Der Analyseteil ist wiederum in drei Kategorien unterteilt: Erstens, König Lear, zweitens Cordelia und drittens die anderen beiden Töchter Regan und Goneril.

Bei Lear wird sein verantwortliches bzw. unverantwortliches Handeln näher unter die Lupe genommen. Deswegen werden die Szenen des Liebestests und die Teilung des Landes analysierend pointiert. Danach erfolgt die Analyse der Einsamkeit Lears und abschließend sein Schuldanteil. Im zweiten Teil wird eine der Zentralfiguren, Cordelia, analysiert. Ist sie eine Gefahr? Welche Funktionen übernimmt sie? Wie empfindet der Leser eine Sympathie für sie? Welche Mittel der Sympathielenkung werden angewendet? Und letztendlich ihr Schuldanteil. Und im letzten Teil wird das Agieren der beiden Töchter Regan und Goneril nach patriarchalischen Werten untersucht. Die Hauptfrage hier ist dementsprechend: Sind Goneril und Regan wirklich Schuld am tragischen Ende des Vaters oder wieso empfindet der Leser eine Antipathie gegen diese Figuren?

Also lautet unsere Fragestellung für die vorliegende Ausarbeitung folgendermaßen:

Wird das Schuldverhältnis – zwischen Lear und seinen Töchtern – durch Sympathielenkungsstrategien bewusst bedient und festgelegt?

Sympathielenkung in Dramen nach Manfred Pfister

Die vorliegende Ausarbeitung befasst sich mit der Schuldfrage und die damit verbundene Sympathielenkung. Deswegen ist es äußerst sinnvoll sich mit der Theorie der Sympathielenkung ein wenig auseinander zu setzen. Demzufolge folgt nun die Theorie der Sympathielenkung nach Manfred Pfister.

Eine Definition von Sympathie betonte Edmond Burke in A Philosophical Enquiry into the Origin of our Ideas of the Sublime and Beautiful wie folgend:

> *[A] sort of substitution, by which we are put into the place of another man, and affected in many respects as he is affected[.]*

Die oben genannte (o.g.) Definition entspricht also nicht dem aristotelischen Moment der Darstellung *imitation*, sondern eher eine Identifikation des Autors und des Rezipienten mit einer Figur.[391] Also ein „transfuse [of] their passions from one breast to another"[392]

Außerdem wird der Begriff in der Psychologie als eine „Zuneigung, positive Gefühlseinstellung einem oder mehreren Partnern gegenüber"[393] definiert. Auch hier steht eher der Bezug der Figuren im Vordergrund, als die Handlung nach aristotelischem Sinne.

Manfred Pfister erläutert, dass positive Sympathielenkung nicht nur durch die naive, romantische Teilnahme des Rezipienten hervorgebracht wird, sondern auch durch die Erweckung von Antipathie für andere Figuren. Somit ist der Begriff der Sympathie unter zwei Ebenen zu verstehen. Zum einen ist es die

---

[391] Vgl. Pfister, Manfred: Zur Theorie der Sympathielenkung im Drama. In: Habicht Werner, Schabert Ina (Hg.): Sympathielenkung in den Dramen Shakespeares. München 1978 (Band 9), S. 20. [Im Folgenden wird nur noch wie folgend zitiert: Pfister, S.XX.].
[392] Burke, Edmond: A Philosophical Enquiry into the Origin of our Ideas of the Sublime and Beautiful. London 1958. S.44.
[393] Hehlmann, W.: Wörterbuch der Psychologie. Stuttgart 1959. S.460.

> *ästhetische Einstellung des Publikums den fiktiven Figuren und Geschehensabläufen gegenüber, die zwischen den Polen der Identifikation und des Engagements und einer neutralen oder kritischen Distanz variiert, und [zum anderen] die ganzheitliche, gefühlsmäßige, moralisch wertende und intellektuelle Momente integrierende Reaktion des Publikums auf die Dramenfiguren, die sich in ein Spektrum von uneingeschränkter Sympathie bis zu uneingeschränkter Antipathie abstufen läßt.*[394]

Obwohl die beiden Ebenen voneinander strikt zu trennen sind, ist eine bedingte Relation zueinander deutlich erkennbar, denn „der Grad des Engagements bzw. der Distanzierung bedingt die Intensität der Sympathie- oder Antipathiereaktion."[395]

Desweiteren fügt Pfister die auktorial intendierte Sympathielenkung bzw. Wirkung hinzu. Zum Handwerk dienen dazu die zentralen Elemente von Aristoteles *eleos*, *phobos* und *katharsis*, aber auch die späteren dramatischen Begriffe wie *dramatische Ironie* und *Spannung*.

Als eine der wichtigsten Strategien bzw. Strukturen der Sympathielenkung fügt Pfister den Begriff des *Beziehungsaspektes der Kommunikation* hinzu.[396] Auf dieser Ebene legt der Sender fest, was der Empfänger verstehen soll. Also auch hier: eine bestimmte Intention. Somit kann man schlussfolgern, dass der Information sendende Dramatiker vorher festlegt, wie er die präsentierenden Figuren vom Leser verstanden wissen will. Dementsprechend versetzt er seine Charaktere mit bestimmten Attributen, die die Intention des Autors bzw. Dramatikers resultieren. Besonders wichtig bei der strukturellen Analyse der Sympathielenkung in Dramen ist auch, dass man nicht nur die Relation der Figuren und ihren verbalen und non-verbalen Äußerungen analysiert, sondern die Gesamtheit der strukturellen Relationen im Text in Betracht zieht. Diese ganzheitliche Betrachtung ist deshalb notwendig, weil die dramatische Figur zu einer bestimmten Relation zu anderen Figuren (Korrespondenz- oder Kontrastfiguren) steht. Die Figur ist also ein Teil des Ganzen und muss dementsprechend als ein Ganzes betrachtet werden, um die Sympathielenkung analysieren zu können.[397]

Ferner ist die *Figurenkonstellation* für die Analyse bedeutend, denn durch das verbale bzw. non- verbale Verhalten werden den Figuren Eigenschaften, Wertvorstellungen und Handlungsmotivationen zugeschrieben, die mit anderen

---

394 Pfister, S. 21.
395 Pfister, S. 21.
396 Vgl. Pfister, S.25f.
397 Vgl. Pfister, S.26.

Figuren im Stück korrespondieren oder kontrastieren. Somit bewahrt der Leser unterschiedliche *Distanzen* gegenüber bestimmten Personen, entsprechend der identifikations- und sympathiefördernden Figurenkonzeption.

Außerdem werden mit dem *Fokus* bestimmte Figuren in den Vordergrund bzw. Hintergrund gerückt, da die lange „on stage" bleibenden Charaktere meistens explizit eine Fremdcharakterisierung durchführen, wobei sie unbewusst, aber parallel dazu eine Selbstcharakterisierung implizieren, dass der Leser je nach Werten, Normen und Ansichten sympathie- oder antipathiefördernd findet.

Darüber hinaus können *Innen- und Außenschau* je nach Anordnung sympathiefördernd bzw. –hemmend sein. Meistens ist der Innenschau – wie etwa Monologe – eher sympathiefördernd und der Außenschau durch kritische Fremdcharakterisierung sympathiehemmend.

Weitere Aspekte – auf die hier nicht länger eingegangen werden – sind Handlungsverlauf, Informationsvergabe, Publikumsbezug und Techniken epischer Kommentierung.[398]

Textanalyse

(Un-)Verantwortliches Handeln Lears

Bevor man bestimmte Szenen analysiert, ist es besonders wichtig zu wissen, dass das poststrukturalistische Denken vom Diskurs geprägt ist. Das heißt, dass die Handlungen der Personen predeterminiert sind. Demzufolge sollte man mit äußerster Sensibilität überlegen, bevor man eine Figur im Stück für ‚schuldig' erklärt. Denn das Drama zeigt zwar im Vordergrund das handlungsmächtige Individuum, aber unterstellt gerade parallel dazu das Agieren nach bestimmten Vorbestimmungen. Genau diese beiden Blickwinkel sollen im Folgenden berücksichtigt werden. Für die Analyse vom Verhalten von König Lear sind deshalb nun Aufzug I./ Szene I. und Aufzug II./ Szene IV. festgelegt.

Liebestest und die Teilung des Landes

Sofort in der ersten Szene des ersten Aufzugs findet ein Liebestest statt, indem Lear seine Töchter über die Liebesbeziehung fragt. Offen bleibt aber, ob Lear

---

[398] Vgl. Pfister, S.29ff.

die Antwort als ein Vater oder als ein Herrscher hören möchte. Die Ansprechpersonen spricht er aber lediglich mit „my daughters"³⁹⁹ an:

> *Lear: [...] Tell me, my daughters*
> *Since now we will divest us both of rule,*
> *Interest of territory, cares of state –*
> *Which of you shall we say doth love us most,*
> *That we our largest bounty may extend*
> *Where nature doth with merit challenge.*⁴⁰⁰

Daraufhin antworten die beiden älteren Schwestern entsprechend ihrer Position als Tochter und unter Lears Herrschaft lebende Bürger:

> *Goneril: I do love you more than word can wield the matter,*
> *Dearer than eyesight, space and liberty,*
> *Beyond what can be valued, rich or rare,*
> *No less than life, with grace, health, beauty, honour.*
> *As much as child e'er loved, or father found,*
> *A love that makes breath poor and speech unable,*
> *Beyond al manner of so much I love you.*⁴⁰¹

Bemerkenswert bei Gonerils Antwort ist, dass sie sowohl das Wort *honour,* als auch *child* benutzt. Somit ehrt sie ihren König, aber liebt gleichzeitig den Vater. Regan hingegen antwortet wie folgend:

> *Regan: Sir I am made of that self mettle as my sister,*
> *And I prize me at her worth. In my true heart*
> *I find she names my very deed of love:*
> *Only she comes too short, that I profess*
> *Myself an enemy to all other joys*
> *Which the most precious square of sense possesses,*
> *And I find I am alone felicitate*
> *In your dear highnesss' love.*⁴⁰²

Auch die zweite Tochter ehrt in erster Linie den *Sir*, also den König und drückt die Liebe zum Vater aus, so wie er es auch hören möchte. Es darf also bei beiden Töchtern nicht außer Acht gelassen werden, dass beide Lear als einen

---

399 Shakespeare, S.161.
400 Shakespeare, S.161.
401 Shakespeare, S.161f.
402 Shakespeare, S.162f.

König und Vater ansprechen. Doch bei Cordelia sieht das Ganze ein wenig anders aus. Zuerst ist nämlich von *nichts* die Rede[403]:

Lear: [...] Speak.
Cordelia: Nothing, my lord.
Lear: Nothing?
Cordelia: Nothing.
Lear: How, nothing will come of nothing. Speak again.[404]

Obwohl Cordelia eine zweite Chance bekommt, zeigt sie ihre Liebe zum Vater und nicht zum König. Sie bricht alle herkömmlichen Regeln und ehrt nicht den König. Der Königstitel Lears wird sozusagen vom Rahmen entzogen.

Cordelia: Unhappy that I am, I cannot heave
My heart into my mouth. I love your majesty
According to my bond, no more nor less.[405]

Man könnte die unpassende Antwort Cordelias als ein Argument für ihr Schuldanteil erklären. Im Kontrast dazu kann man aber auch implizieren, dass Cordelia nicht wie ihre Schwestern „untreu und schmeichelhaft"[406] antwortet, aber dafür die Aufrichtigkeit bewahrt und versucht ihren Vater non- verbal zu überzeugen. Man kann aber leicht erkennen, dass die Kommunikation bereits anfangs scheitert, weil Cordelia nicht in der Lage ist, sich ordnungsgemäß zu äußern. Zuerst antwortet sie mit *nothing* daraufhin fügt sie hinzu, dass sie ihr Herz nicht auf ihre Lippen heben kann. Diese Metapher soll einfach nur ausdrücken, dass Cordelia unfähig ist, das tief im Herzen Verborgene – die wahre Liebe – in die Öffentlichkeit zu tragen. Da sie sich weder ständig ausdrücken kann und der Vater bzw. der König erfolglos ist, sie zu verstehen, resultieren vom Gespräch die Enterbung und die eheliche Bindung an das fremde Land Frankreich. Cordelia wird verbannt bzw. verfremdet. Somit ist die Sympathie auf die schöne Cordelia gelenkt.

Des Weiteren sollte das Land normalerweise in drei geteilt werden und alle drei Töchter würden einen Drittel vom Land bekommen, indem sie herrschen können. Die Voraussetzung dabei war lediglich das Bestehen des Liebestests.

---

[403] Vgl. Wojciehowski, Dolora A.: For the Love of the Father. Repetition and Ambivalence in King Lear Criticism. In: Mosaic, 25:3 (1992), S.24.
[404] Shakespeare, S.163f.
[405] Shakespeare, S.164.
[406] Ich möchte eigentlich ganz vorsichtig mit den Wörtern umgehen, um keine Figuren vornoherein zu beschuldigen.

Demzufolge wurde die jüngste Tochter enterbt und hat kein Land bekommen, das ebenfalls die Sympathie des Lesers für Cordelia steigert. Die erste explizite Äußerung über die Teilung des Landes erfährt der Leser bereits ganz am Anfang in Zeile drei: the „division of the kingdom."[407]

Desweiteren erfahren wir die Teilung des Königreichs direkt vom König:

> *Lear: Meantime we shall express our darker purpose.*
> *Give me the map there. Know that we have divided*
> *In three our kingdom; and 'tis our fast intent*
> *To shake all cares and business from our age,*
> *Conferring them on younger strengths, while we*
> *Unburdened crawl toward death. Our son of Cornwall,*
> *And you, our no less loving son of Albany,*
> *We have this hour a constant will to publish*
> *Our daughters' several dowers, that future strife*
> *May be prevented now.*[408]

Nachdem Lear die Töchter vom Ältesten herunter abfragt, vererbt er auch direkt das Königreich:

> *Lear an Goneril: Of all these bounds, even from this line to this,*
> *With shadowy forests and with champaigns riched,*
> *With plenteous rivers and wide-skirted meads,*
> *We make thee lady.*[409]
> *Lear an Regan: To thee and thine hereditary ever*
> *Remain this ample third of our fair kingdom,*
> *No less in space, validity and pleasure*
> *Than that conferred on Goneril.*[410]

Mit der Reichsteilung arbeitet Lear auch für seinen Untergang. Er überträgt männliches Handeln an weibliche Figuren – seiner Töchter – und stößt Cordelia ab, weil sie gegen das patriarchalische Denken handelt. Bewundernswert ist aber, dass der Diskurs sagt, dass der Erstgeborene die Krone und das Königreich vererbt. Der König hingegen teilt das Land in drei. Also agiert er auch gegen die Regulationen bzw. Vorschriften seiner Zeit – infolgedessen gegen den Diskurs. Der Leser empfindet dies aber ganz normal, weil es die Auffassung gibt, dass der König die absolute Autorität hat und dementsprechend agieren darf, wie er

---

[407] Shakespeare, S. 157.
[408] Shakespeare, S.160f.
[409] Shakespeare, S.162.
[410] Shakespeare, S.163.

es beabsichtigt. Die Reichteilungsszene trägt somit zum Unglück des Staates, Lears und Cordelias bei. Zumal heißt auch „Frankreich" die fremde Macht. Ob Cordelia im Laufe der Tragödie sich zu einer Gefahr entwickelt, wird in den kommenden Punkten noch genauer analysiert.[411] Festzuhalten ist aber, dass die Wandlung von Glück zu Unglück eines durchschnittlichen Menschen – hier König Lear – der aristotelischen Dramenkonzeption entspricht. Lear ist im Stück auch als eine durchschnittliche Figur zu verstehen, weil er weder absolut tugendhaft, noch absolut verbrecherisch handelt. Diese Annahme lässt sich mit der Todesszene vom König beweisen, da der Leser kaum Mitgefühl für ihn empfindet, als er stirbt.

Einsamkeit Lears als Akt der Sympathielenkung

Die Spannung im Stück wird am Ende des zweiten Aufzuges gesteigert. Somit kann der Höhepunkt der Handlung – wie nach aristotelischem Sinne – in Aufzug 3. stattfinden. Demzufolge ist es besonders essenziell Aufzug 2. Szene 4. genauer zu analysieren.

In dieser Szene ist König Lear aufgrund der brutalen Behandlung der Tochter gegenüber Kent sauer. Zuerst will er nicht glauben, dass die Tochter in der Lage ist, den Diener Kent schlecht zu behandeln. Anschließend erkennt er an und fügt hinzu, dass die Tochter es nicht wagen dürfte, dass sie die Ehrfurcht Lears verletzt hat und dass die Tat schlimmer ist als ein Mord (!).

Lear: They could not, would not do't – 'tis worse than murder
To do upon respect such violent outrage.[412]

Daraufhin fordert König Lear die Tochter – und auch den Ehemann – zu sprechen, aber diese weigern die Kommunikation und teilen via dritte Personen mit, dass sie zu krank und müde seien. Als Lear auf das Gespräch insistiert, bleiben den beiden keine andere Wahl als zu erscheinen. Bemerkenswert ist aber auch, dass Lear den Herzog von Cornwall als einen König und die Tochter als ein Vater zur Rechenschaft ziehen will.

---

411 Habicht, Werner: King Lear. Ist Cordelia eine Gefahr?. In: Habicht Werner, Schabert Ina (Hg.): Sympathielenkung in den Dramen Shakespeares. München 1978 (Band 9), S. 109. [Im Folgenden wird nur noch wie folgend zitiert: Habicht, S.XX.].
412 Shakespeare, S. 240.

Lear: The king would speak with Cornwall, the dear father
Would with his daughter speak, commands – tends –
service.[413]

Als Regan nun erscheint, ist sie dennoch erfreut den Vater zu sehen, obwohl sie nicht beabsichtigt den König zu erblicken. Demzufolge kann man implizieren, dass Regan einerseits zwar hinterlistig dem König etwas ‚vorspielt', aber auf der anderen Seite handelt sie entsprechend den Erwartungen des Diskurses, weil sie nicht nur als eine Tochter auftritt, die Respekt und Liebe gegenüber dem Vater zeigt, sondern weil sie auch als eine Person gegenüber dem König auftritt, indem Tugenden wie Ehre und Ehrfurcht unabdingbar sind. Somit wird durch die Erzeugnis von Antipathie gegenüber Regan, die Sympathie auf den König gelenkt. Diese Sympathielenkung und Spannung wird gesteigert, indem Regan nicht nach den Erwartungen des Vaters – also vom König – agiert und das Verhalten ihrer Schwester – Goneril – unter Schutz nimmt. Pointierend gibt sie König Lear noch den Ratschlag zurück zur Schwester zu gehen, weil sie ihn nicht aufnehmen kann und weil er alt, schwach und unfähig ist, gesunde Entscheidungen zu treffen:

Regan: O, sir, you are old: [...]
You should be ruled and led
By some discretion that discerns your state
Better than yourself. Therefore I pray you
That to our sister you do make return;
Say you have wronged her, sir.[414]

Die absolute Sympathielenkung wird mit der Geste der Unterwürfigkeit, der Subordination und des Mitleids mittels Kniefall des Königs vor der eigenen Tochter erzeugt. Denn Lear gesteht und bittet die Tochter kniend:

Lear: (Kneels.) Dear daughter, I confess that I am old;
Age is unnecessary. On my knees I beg
That you'll vouchsafe me raiment, bed and food.
[...]
She [Goneril] hath abated me of half my train,
Looked back upon me, struck me with her tongue
Most serpent-like, upon the very heart.[415]

---

413 Shakespeare, S.244.
414 Shakespeare, S.247f.
415 Shakespeare, S.248.

Er fügt noch hinzu, dass Goneril mit ihrer schlangenartigen Zunge ihn tief bis in das Innerste verletzt hat und er niemals intendiert zurückzukehren. Zumal hat sie auch die Hälfte seiner Männer genommen.

Nachdem Goneril auftritt, schlägt Regan erneut den Vorschlag vor, bis Ende des Monats bei der Schwester zu bleiben und dann wieder mit der Hälfte des Gefolges – also diesmal mit 25 Mann– bei ihr zu erscheinen, weil sie momentan nicht in der Lage ist, den Vater samt seiner Gefolgen zu herbergen und auch nicht fähig sein wird, den Vater mit 50 Mann Ende des Monats Aufenthalt zu gewährleisten. Doch Lear findet die Entmilitarisierung nicht sehr erfreulich und entscheidet sich doch bei der zuvor verfluchten Tochter Goneril zu hausen, weil er bei ihr mit 50 Mann bleiben kann. Somit ist die Liebe zu Goneril auf das doppelte wie von Regan gestiegen. Hier könnte man sich dann aber die Frage stellen, ob sich der Wert der Liebe nach den Maßstäben der Macht bzw. Männerbesitzt reguliert (!).

Lear: (to Goneril) I'll go with thee;
Thy fifty yet doth double five and twenty,
And thou art twice her love.[416]

Das Militär ist zwar ein Symbol der Macht. Demzufolge scheinen die Versuche der Töchter – also die Entmilitarisierung des Vaters – für den Leser in erster Linie eigentlich hinterlistig und habgierig, aber wenn man davon ausgeht, dass die Töchter keine schlechten Absichten befolgen und dennoch den Schutz des Königs gewährleisten, ist es doch eine harmlose Tat den Vater zu entmilitarisieren, denn „[w]hat need one"[417] Gefolge, weil

Regan: [the] house is little; the old man and's people
Cannot be well bestowed.[418]

Demzufolge ist es "his own blame; hath put himself from rest/ And must needs taste of folly."[419] Am Ende des zweiten Auftritts steht King Lear verlassen von all seinen Töchtern da. Genau diese Einsamkeit, Verlassenheit und Entfremdung des ‚autoritären' Königs zieht das ganze Mitleid auf sich und erhält in erster

---

416 Shakespeare, S.255.
417 Shakespeare, S.255.
418 Shakespeare, S.257.
419 Shakespeare, S.257.

Linie die Sympathie des Lesers, eben auch durch das Erzeugnis von Antipathie zu den beiden Töchtern.

Schuldanteil von King Lear

Der Schuldanteil von König Lear ist – wie bereits o.g. – seine selbstverantwortliche Fehleinschätzung, die letztendlich gravierende Folgen mit sich bringt. Den Keim für die späteren unglücklichen Geschehnisse hat Lear bereits in der Liebestests- und Reichteilungsszene gelegt. Er hat nämlich männliche Attribute an weibliche Figuren übertragen. Somit basiert das ganze Unheil des Landes auf die Frauenfiguren. Im Folgenden werden Lears Schuldanteile unter Berücksichtigung vier Aspekte erläutert: Kommunikationsproblem, Rollenvielfalt, erotische Instinkte und der Verzicht auf externe Ratschläge.

Unter dem Kommunikationsproblem ist die mangelnde Kommunikation zwischen Lear und Cordelia zu verstehen. Lears Problem liegt einfach darin, dass er Personen bei ihren Wörtern nimmt. Er spricht und dabei bleibt es auch. Aber der Diskurs möchte weitere Seiten des Gesprächs bzw. der Kommunikation nahe legen; und zwar die Fähigkeit zwischen den Zeilen zu lesen.[420] Demzufolge liegt sein *tragic flaw* darin, dass er die Menschen falsch einschätz und davon ausgeht, dass die gesprochenen Dinge auch wirklich so gemeint sind und der Wahrheit entsprechen. Demzufolge hat der Liebestest einen tieferen Sinn, denn mit der Frage „shall we say" drückt Lear die Macht der direkten Rede aus. Für ihn ist es ab dem Zeitpunkt nicht nur ein Liebestest, sondern er stellt seine Töchter auf die Probe, um herauszustellen, welche dieser drei die Natur der Liebe, in welcher Art und Weise, zum Ausdruck bringen kann.[421]

Ein nächster Aspekt wären die diversen Rollen, die Lear obligatorisch tragen muss. Das Stück setzt die notwendige Komplementarität voraus, wie beispielsweise König und Subjekt, Lehrer und Gelehrter, Mann und Frau (…). Demzufolge müssen die Charaktere lernen, mit ihren gegenseitigen Rollen umzugehen. Dies ist ein wichtiges Element des Stückes, das der Diskurs bedingt. Aber so einfach endet das Ganze nicht, denn Lear tritt als ein König und Vater zugleich auf. Somit sind die Rollen komplexer verteilt. Demzufolge

---

420 Vgl. Bergeron, David M.: Deadly Letters in King Lear. In: Philological Quarterly, 72:2 (1993), S.163. [Im Folgenden wird nur noch wie folgend zitiert: Bergeron, S.XX.].
421 Vgl. Bergeron, S.161.

ist es irreführend, ob König Lear bei seiner Frage in den Liebestests die Antwort als ein König, Vater oder beides zugleich hören will. Da er nun dieses Problem offen lässt, hängt es von der Entscheidung der Töchter ab, wie sie sich beschließen zu antworten. Diesbezüglich darf man die Töchter nicht verantwortlich halten, wenn die Antworten nicht den – nicht einmal implizierten – Erwartungen des Königs entsprechen. Diese Überlegung lässt sich mit der Bedienung der Ansprechpronomen „we" als königliches Pronomen oder „I" als persönlich, väterliches Pronomen begründen.

Des Weiteren verzichtet Lear auf jegliche Ratschläge seitens seiner Umgebung und verbannt sogar seinen treuen Diener Kent.

Schließlich gehören zu seinem Schuldanteil auch die erotischen Instinkte, die Lear für seine Töchter bzw. nur an Cordelia empfindet, weil „[he] mad'st [his] daughters [to his] mothers."[422] Doch gemäß dem Diskurs ist das 16. Jahrhundert wie folgend zu verstehen:

> *This sixteenth- century aristocratic family was patrilinear, primogenitural, and patriarchal: patrilinear in that it was the male line whose ancestry was traced so diligently by the genealogists and heralds, and in almost all cases via the male line that titles were inherited; primogenitural in that most of the property went to the eldest son, the younger brothers being dispatched into the world with little more than a modest annuity or life interest in a small estate to keep them afloat; and patriarchal in that the husband and father lorded it over his wife and children with quasi- absolute authority of a despot.*[423]

Demzufolge war die männliche Identität der patriarchalischen Welt von der Unterdrückung der Schwachstellen, Abhängigkeiten und Gefühlsunterdrückung abhängig, die ebenfalls weiblich kodiert sind.[424] Also muss Lear innerhalb dieser Bestimmungen agieren und Emotionalität unterdrücken, das ihm mit der Zeit immer schwieriger gefallen ist.

Seine liebste Tochter, Cordelia, muss die Liebe zum Vater zeigen und das mehr als die Schwestern. Desweiteren muss sie Unterstützung leisten und nach ihrer Rückkehr für die Regeneration des kranken Vaters sorgen. Sie muss sich anschauen, wie kindisch der Vater sich verhält und dass er vor ihr kriecht und kniet wie ein Baby (…). All dies sind Attribute, die bei Lear im Stück nachzuweisen sind, die weder dem männlichem Code des 16. Jahrhunderts, noch

---

422 Shakespeare, S.201.
423 Kahn, Coppélia: The Absent Mother in 'King Lear'. In: Kiernan Ryan. New Casebooks. King Lear. William Shakespeare. 1996, S. 97. [Im Folgenden wird nur noch wie folgend zitiert: Kahn, S.XX.].
424 Vgl. Kahn, S.95.

dem royalem Verhaltenskodex entsprechen.[425] Eben diese Aspekte tragen dazu bei, dass der Leser am Ende des Stückes kein Mitleid mit Lear hat. Die Sympathie ist bewusst an die Cordelia-Figur gelenkt, die wiederum mit dem Tod ihre ‚Erlösung' findet. Ihr Tod kann also auch als ein Übergang vom Menschlichen zum Göttlichen verstanden werden, sozusagen die Hinwendung zur himmlischen Sphäre.

Zentrale Figur: Cordelia

Cordelia. Eine Gefahr?

Die Frage, ob Cordelia eine Gefahr sei, soll zunächst einmal offen gelassen werden. Doch Sigmund Freud selbst bezeichnet sie als die Todesgöttin[426] und Edward Bond als die „absolute Gefahr"[427]. Die Cordelia-Figur zeichnet sich durch die ungerechte Abstoßung des Vaters auf der Bühne aus. Somit ist sie die bemitleidende Person, die aber bei ihrer Wiederkehr im 4. Aufzug das Mitleid selbst personifiziert und ihren Vater bedauert.[428] In ihrem ganzen Wesen zeigt sie sich durch das Schweigen in den heftigen Erlebnissen. Sie sorgt dafür, dass der Leser die Rolle des Advokaten bei ihr einnimmt und sie verteidigt. Der Leser tut es aber nur deshalb, weil er Mitleid für sie empfindet. Außerdem kontrastiert der Leser die sympathische Cordelia mit ihrer unartikulierbarer Wahrheit von den bösen Töchtern der wortgewandten Heuchelei.[429]

Des Weiteren werden durch poetische Gestaltungen, wie etwa das Tränenmotiv, die Sympathie gesteigert. Denn als sie sich von ihren Schwestern verabschiedet drückt sie folgendes aus:

The jewels of our father, with wash'd eyes
Cordelia leaves you: I know you what you are[430]

Das Tränenmotiv drückt die Liebe und das Mitleid für ihren Vater aus. Die Tränen in den Augen rühren den Leser und werden zum Tugendsymbol. Ferner

---

425 Vgl. Kahn, S.99f.
426 Vgl. Freud- Studienausgabe, Frankfurt, 1977, S.191ff.
427 Interviews: Theater heute, Jahresheft 1972, S. 56.
428 Vgl. Habicht, S.104.
429 Vgl. Habicht, S.104.
430 Shakespeare, S.176.

sind sie ein Ausdruck der Erlösung und des Erlösens, das der Leser sowohl rührend als auch ehrfurchtgebietend empfindet. Trotz des Diskurses und der Sympathie, die auf Cordelia konzentriert wurde, muss der Leser dennoch von einem *tragic flaw* ausgehen und deshalb die Schuld in ihr erkennen. Das sind zum einen die Unbotmäßigkeit ihrer Antwort gegenüber der Frage vom König bzw. Vater und zum anderen die Unfähigkeit zwischen dem König und dem Vater bzw. Familien- und Staatsloyalität zu unterscheiden, das sie aber letztendlich an die Spitze einer staatsbedrohenden Invasionsmacht – Frankreich – gemacht hat.[431][432]

Hinzufügend haben einige Eigenschaften – die vom Autor festgelegt wurden – eine mysteriöse Seite und passen nicht zur ‚unschuldigen, selbstlosen und liebevollen' Tochter Cordelia. Eines dieser Attribute ist das Gefühl des Stolzes. Cordelia weist Züge des Trotzes bzw. des Stolzes nach. Beispielsweise ruft sie ihre Schwestern zum Abschied[433]

Cordelia: [...] I know what you are,
And like a sister am most loath to call
Your faults as they are named.[434]

Oder auch hier wieder Züge des Stolzes:

Lear: So young and so untender?
Cordelia: So young, my lord, and true.[435]

Schließlich ist die Reichteilungsszene in Bezug auf Cordelia zu erwähnen. Hier übernimmt sie eine gefährlich politische Funktion. Cordelia scheint in erster Linie eine abgestoßene, bemitleidende Tochter des Königs zu sein, die gleichzeitig auch enterbt und an Frankreich verlobt wird. Außerdem ist sie an der Spitzenposition des Invasionsheeres, die eigene Ziele verfolgt – „something deeper, / Whereof perchance these are but furnishings". Überdies heißt Frankreich die fremde Macht, der sich Cordelia letztendlich bindet. Also scheint die Abstoßung der Cordelia- Figur im negativen Sinne verstanden zu sein und steigert somit das Sympathiegefühl für sie, aber in Wirklichkeit ist die

---

431 Vgl. Habicht, S.107.
432 Vgl. Wassermann, Jerry: "And Every One Have Need of Other". Bond and Relationship in King Lear. In: Mosaic 9:2, (1976), S.18. [Im Folgenden wird nur noch wie folgend zitiert: Wassermann, S.XX.].
433 Vgl. Habicht, S.108.
434 Shakespeare, S.176.
435 Shakespeare, S.165.

Abstoßung eine nicht intendierte Machtzuteilung, die später – nur unter dem Aspekt –‚gefährlich' für das Land werden kann.[436]

Sympathielenkung zu Cordelia

Die angewendeten Sympathielenkungsstrategien bei Cordelia sind nicht nur wie o.g. die Verbannung, das Tränenmotiv, das tugendhafte Auftreten, Mitleidsgefühl, das Beten für den Vater (...), sondern darüber hinaus gibt es mehrere Strategien, auf die hier im Folgenden näher eingegangen werden.

Erstens ist es die physische und psychische Regenerierung Lears seitens Cordelia. Denn mit ihr Eingriff wird der Vater bzw. der König erlöst.[437] Sie begeht sozusagen eine gute Tat und geht ihren Verantwortungen nach, indem sie für den Vater Schutz gewährleistet und für die Genesung sorgt.

Zweitens ist das Symbol der transzendenten Liebe zum Vater, das sie so herzlich wirken lässt, weil sie den schlafenden Vater küsst und somit für seine Heilung sorgt.[438]

> *Cordelia: O my dear father, restoration hang*
> *Thy medicine on my lips, and let this kiss*
> *Repair those violent harms that my two sisters*
> *Have in thy reverence made.*[439]

Hier gewinnt Cordelia an Sympathie, weil sie erstens liebevoll dargestellt wird – mit dem Kussmotiv – und weil zeitgleich eine Antipathie zu den beiden Töchtern Regan und Goneril erzeugt wird, da sie für die schlechte gesundheitliche Lage des Vaters verantwortlich gemacht werden. Demzufolge existiert Cordelia nur noch als die einzige Tochter – „Thou has one daughter".[440]

Drittens kann man auch vom Schutz sprechen, den Cordelia bei ihrer Rückkehr als die Invasionsmacht gewährleistet hat. Genau diese Beziehung zum Vater scheint sie dann so heilig darzustellen.

Viertens darf man das Knien des Vaters vor der eigenen Tochter nicht außer Acht lassen. Hier erlangt Cordelia die moralisch höchste Position als eine

---

436 Vgl. Habicht, S.109f.
437 Vgl. Gaull, Marilyn: Love and Order in King Lear. In: Educational Theatre Journal, 19:3 (1967), S.341. [Im Folgenden wird nur noch wie folgend zitiert: Gaull, S.XX.].
438 Vgl. Gaull, S.341.
439 Shakespeare, S.352.
440 Shakespeare, S.342.

Tochter. Dieser Akt sorgt dafür, dass der Leser den Anschein erhält, dass Cordelia total unschuldig ist, weil sogar der König, der die liebste Tochter verbannt, verflucht und mit der fremden Macht verbündet hat, kniend um ihre Gnade bittet. Letztendlich wird sogar die Sympathie, die zuvor auch zu Lear gelenkt worden ist, von ihm entzogen und stark an die Tochter transferiert.[441] Die ‚Unschuldigkeit' Cordelias lässt sich auch damit beweisen, dass sie am Ende des Stückes Lear als den Vater und König ehrt. Sie hat sozusagen aus ihren Fehlern gelernt und adressiert den König mit „How does my royal Lord? How fares your Majesty?"[442] und den Vater mit „But love, dear love, and our ag'd father's right"[443].

Handeln nach patriarchalischen Werten: Regan und Goneril

Um die patriarchalische Ordnung besser zu verstehen, ist es besser angebracht das o.g. Zitat noch einmal aufzugreifen:

> *This sixteenth- century aristocratic family was patrilinear, primogenitural, and patriarchal: patrilinear in that it was the male line whose ancestry was traced so diligently by the genealogists and heralds, and in almost all cases via the male line that titles were inherited; primogenitural in that most of the property went to the eldest son, the younger brothers being dispatched into the world with little more than a modest annuity or life interest in a small estate to keep them afloat; and patriarchal in that the husband and father lorded it over his wife and children with quasi- absolute authority of a despot.*[444]

Also schreibt die patriarchalische Ordnung vor, wie Personen sich zu verhalten haben. Dabei besitzen die Väter die Rechte über ihre Kinder und Frauen. Demzufolge sind die familiären Beziehungen im Stück auch predeterminiert. Jede kleine Änderung innerhalb der patriarchalischen Ordnung führt zur Zerstörung der Ordnung. Dementsprechend wären die Behandlungen von Goneril und Regan gegenüber dem Vater nicht nur eigennützig, sondern eher ein gewalttätiger Akt gegenüber der menschlichen Natur.[445] Die Töchter sind einfach verpflichtet zu akzeptieren, dass sie von der Verantwortung des Vaters zu der Verantwortung des Ehemannes – ohne Einbezug dessen Interesse –

---

441 Vgl. Wassermann, S.24.
442 Shakespeare, S.353.
443 Shakespeare, S.323.
444 Kahn, S.97.
445 Vgl. McLuskie, Kathleen: The Patriarchal Bard. Feminist Criticism and ‘King Lear'. In: Jonathan Dollimore and Alan Sinfield: Political Shakespeare. New Essays in Cultural Materialism. Manchester 1985. S.49. [Im Folgenden wird nur noch wie folgend zitiert: McLuskie, S.XX.].

transferiert werden. Ein Beispiel dazu wäre die Vereinigung Cordelias mit King of France.[446]

Cordelias Aussage: „I love your majesty / According to my bond, no more nor less" ist somit ein Treuebruch zum Vater, das aber eigentlich – im tieferen Sinne – die Unakzeptanz bzw. der Bruch der patriarchalischen Ordnung bedeutet. Somit verstößt Cordelia nicht nur gegen die vorgeschriebenen Regeln, sondern öffnet den Konflikt der Obliegenheit innerhalb der patriarchalischen Familie.[447]

Die beiden Töchter Regan und Goneril hingegen bewegen sich am Anfang – in Auftritt 1, Szene 1 – im patriarchalischen Rahmen. Somit darf man beide nicht als eine Ursache für das tragische Ende erklären. Man muss aber auch hinzufügen, dass beide Töchter zwar ordnungsgemäß dem König gehorchen und ehren und in dieser Hinsicht in ihren Aussagen und Beschuldigungen mit äußerster Sensibilität auftreten, aber in Bezug auf die väterliche Liebe treten sie dennoch nicht ganz derart auf. Wenn der Vater – nicht der König – mit seinen Kindern sprechen will und diese das Gespräch weigern, ist dies schon ein tragischer Akt, dass die Liebe innerhalb der Familie widerspiegelt.

Desweiteren ist die Sympathie relativ auf die jüngste Tochter Cordelia gelenkt, sodass Regan und Goneril am Ende schlecht dargestellt werden. Und nur unter Berücksichtigung dieser Punkte darf man die beiden Schwestern nicht hauptsächlich für das tragische Ende beschuldigen, obwohl der Leser diese Einstellung hat und eventuell eine Antipathie gegenüber Goneril und Regan empfindet

Resümee

Es ist leicht zu erkennen, dass es nicht die *eine* Interpretation gibt. Man kann auch nicht *eine* Figur im Stück absolut schuldig für das ganze tragische Geschehen erklären. Es ist einfach viel tiefgründiger, als es in erster Linie scheint; auch die Analysen bleiben in jeder Hinsicht nicht in die ausreichende Tiefe einzugehen. Ansonsten würde es den Rahmen jeglicher wissenschaftlicher Arbeiten sprengen. Nichtsdestotrotz ist anzunehmen, dass weder Lear und Cordelia, noch Regan und Goneril gemäß den Erwartungen agieren. Die Figuren handeln in einem bestimmten Diskurs, der vom Text vorausgesetzt wird, aber

---

446 Vgl. McLuskie, S.50.
447 Vgl. McLuskie, S.55.

dennoch sind die handlungsmächtigen Figuren am tragischen Ende selbst schuld. Den prozentualen Anteil der Schuld kann man unterschiedlich zu den o.g. vier Figuren verteilen. Man kann aber nicht davon ausgehen, dass einige Figuren, die der Leser sympathisch findet, unschuldig sind, weil sie in den Augen des Lesers moralisch gut auftreten.

Wenn es einen Konflikt gibt bzw. eine Frage nach der Schuld, dann kann es nie *eine* unschuldige Seite geben, weil die Grenzen des Rechts durchbrochen sind. In dem Drama hingegen wird dieser Anschein durch bestimmte, vom Autor intendierte Sympathielenkungsstrategien gelenkt. Demzufolge tragen Cordelia und Lear am tragischen Ende ebenso eine Verantwortung, wie Goneril und Regan. Cordelia bricht alle herkömmlichen Regeln der patriarchalischen Gesellschaft, Lear weißt mangelnde Fehleinschätzungen nach und die beiden Schwestern distanzieren sich zum Vater und gehen nicht ihren Pflichten nach. Ersichtlich ist, dass das Ende in jeder Hinsicht tragisch ist.

Doch meiner persönlichen Einschätzung nach, muss ich leider gestehen, dass ich selbst auch von der Sympathielenkungsstrategie manipuliert bin und immer noch – trotz der umfassenden Recherche – die Auffassung habe, dass Cordelia in irgendeiner Weise ‚heilig' ist. Es hängt aber davon ab, dass die familiäre Sphäre in meiner Kultur, Religion und Weltauffassung einen heiligen Wert besitzen. Demgemäß agiert die Cordelia- Figur nach den Werten meines Welt- und Menschenbildes. Sie zeigt meiner Meinung nach totale Unterwürfigkeit zum Vater und das, aufgrund ihrer Liebe zum Vater. Sie hat dermaßen Respekt gegenüber ihm, dass sie nicht einmal gescheite Wörter aneinander reihen kann, sodass es am Ende einen Sinn ergibt. Aufrichtigkeit gehört einfach zu ihrer Natur. Genau diese Kriterien und einige weitere, die oben ebenfalls genannt worden sind, tragen dazu bei, dass ich die Cordelia- Figur nicht als schuldig im wesentlichen Sinne finde. Dass sie an der Schuld beteiligt ist, ist durchaus annehmbar, aber nicht darüberhinaus.

Literaturverzeichnis

Primärliteratur:

Foakes, R.A. (Hg.): William Shakespeare: King Lear (1609). 3. Auflage. 1997 London (The Arden Shakespeare).

Sekundärliteratur:

Aufsätze in Sammelbänden

Habicht, Werner: King Lear. Ist Cordelia eine Gefahr?. In: Habicht Werner, Schabert Ina (Hg.): Sympathielenkung in den Dramen Shakespeares. München 1978 (Band 9).

Kahn, Coppélia: The Absent Mother in 'King Lear'. In: Kiernan Ryan. New Casebooks. King Lear. William Shakespeare. 1996.

McLuskie, Kathleen: The Patriarchal Bard. Feminist Criticism and 'King Lear'. In: Jonathan Dollimore and Alan Sinfield: Political Shakespeare. New Essays in Cultural Materialism. Manchester 1985.

Pfister, Manfred: Zur Theorie der Sympathielenkung im Drama. In: Habicht Werner, Schabert Ina (Hg.): Sympathielenkung in den Dramen Shakespeares. München 1978 (Band 9).

Zeitschriften

Bergeron, David M.: Deadly Letters in King Lear. In: Philological Quarterly, 72:2 (1993).

Gaull, Marilyn: Love and Order in King Lear. In: Educational Theatre Journal, 19:3 (1967).

Wassermann, Jerry: "And Every One Have Need of Other". Bond and Relationship in King Lear. In: Mosaic 9:2, (1976).

Wojciehowski, Dolora A.: For the Love of the Father. Repetition and Ambivalence in King Lear Criticism. In: Mosaic, 25:3 (1992).

Zitate aus sonstigen Quellen

Burke, Edmond: A Philosophical Enquiry into the Origin of our Ideas of the Sublime and Beautiful. London 1958.

Freud- Studienausgabe, Frankfurt, 1977.

Hehlmann, W.: Wörterbuch der Psychologie. Stuttgart 1959.

Interviews; Theater heute, Jahresheft 1972.

„The Time is out of Joint" – Neues Weltbild, neues Selbstbild in William Shakespeares „Hamlet"

Eva-Christina Glaser, 2001

Einleitung

*„For anything so
o'erdone is from the purpose of playing, whose end,
both at the first and now, was and is to hold, as 'twere,
the mirror up to nature, to show virtue her own feature,
scorn her own image, and the very age and body of the
time his form and pressure." (III.ii.19-24)*[448]

Mit seinem Diskurs über die Tugenden der Schauspielerei weist Hamlet innerhalb des Dramas auf ein Prinzip hin, das der Kunst im allgemeinen schon seit der Antike zugrunde liegt. So gilt nämlich seit Plato und Aristoteles das Prinzip der *Mimesis*, also der möglichst genauen Nachahmung der Lebenswirklichkeit, als oberstes Gebot der darstellenden und bildenden Künste sowie insbesondere auch der Literatur.

Genau wie Hamlet also die Schauspieler als „the abstract and brief chronicles of the time" (II.ii.522) bezeichnet, fungiert auch die Literatur in unterschiedlich starkem Maße als Spiegel der Zeit, in der sie entstanden ist. Dabei hat sie einen wesentlich konkreteren Charakter und ist somit vielfach auch aufschlussreicher als die bloße Geschichtsschreibung, da sie nicht nur gleichsam beschreibend darstellt, sondern dem Leser die Möglichkeit gibt, anhand der Abbildung einzelner, konkreter Sachverhalte eigenständig Abstraktionen über die Verhältnisse der jeweiligen Zeit herzustellen.

Betrachtet man nun vor diesem Hintergrund die Feststellung Hamlets „The time is out of joint." (I.v.188), die er nach der Konfrontation mit dem Geist seines Vaters gegen Ende des ersten Akts macht, drängt sich die Vermutung auf, dass sich dieser Ausspruch nicht nur auf seine konkrete Situation bezieht, sondern auf den Zustand der gesamten elisabethanischen Periode, in der das Stück entstanden ist, abstrahiert werden kann.

Nun ist es freilich nichts Neues, dass die Zeit seit Beginn des 16. Jahrhunderts, also seit der Schwelle vom Mittelalter zur Neuzeit, in England von gewaltigen Umbrüchen und einschneidenden Neuerungen geprägt war. Allein schon die Tatsache beispielsweise, dass man, ausgehend von den Entdeckungen des Kopernikus, allmählich das vertraute Bild des geozentrischen Planetensystems nach Ptolemäus gegen ein heliozentrisches austauschen musste, wodurch die

---

448 Alle Hamlet-Zitate wurden entnommen aus Shakespeare, William. Four Tragedies. Hg. T. J. B. Spencer. London: Penguin, 1994.

Erde und damit auch der Mensch der zentralen Stellung im Universum beraubt wurde, lässt die Formulierung zu (und dies hier sogar im wörtlichen Sinne), die Zeit sei „aus den Fugen"[449]. Aber auch, wenn die Verhältnisse der Zeit, in der Shakespeare seine Stücke schrieb, nach jahrhundertelangen, intensiven wissenschaftlichen Nachforschungen dem heutigen Leser nicht mehr fremd sein dürften, erscheint es lohnenswert, ein Stück, das zweifellos zu den bedeutendsten Werken der englischen Literatur zählt, auf seinen historischen Hintergrund hin zu untersuchen.

Ziel dieser Arbeit ist es also, herauszuarbeiten, inwieweit *Hamlet* dem Leser Hinweise auf die Gesellschaft im 16. Jahrhundert bzw. ihr Welt- und Selbstbild liefert, oder, anders ausgedrückt, ob und inwieweit das Stück als Spiegel der Zeit fungiert. Der Schwerpunkt der Untersuchung liegt dabei jedoch auf Strömungen bzw. Entwicklungen, die in dieser Zeit neu aufkommen. Zunächst soll deshalb anhand des Geisterglaubens der Elisabethaner, so, wie er im Text zutage tritt, sowie anhand einiger Beispiele für moderne Tendenzen, die sich im Text zeigen, der allgemeine Charakter der Zeit skizziert werden. Der zweite Abschnitt wendet sich dann explizit dem Protagonisten des Stückes zu. Dabei soll der Versuch unternommen werden, erstens das Problem, das durch die im ersten Abschnitt dargelegte Situation für Hamlet entsteht, aufzuzeigen, und zweitens die Konsequenzen, die sich dadurch für Hamlet und sein Welt- und Selbstbild ergeben, deutlich zu machen. Der letzte Abschnitt schließlich wird sich im Hinblick auf eine Zusammenfassung des Erarbeiteten auf die Vorgehensweise Shakespeares bezüglich der Konzeption des *Hamlet* bzw. auf den eigentlichen Charakter des Stückes konzentrieren.

Das 16. Jahrhundert – Treffpunkt zweier Welten ?

Die Elisabethaner und ihr Geisterglaube

Da mit dem 16. Jahrhundert in England die Neuzeit beginnt, wäre es naheliegend, zu vermuten, dass zu dieser Zeit die mittelalterliche Weltsicht durch eine neue, modernere abgelöst wird. Dies ist jedoch so nicht der Fall. Zwar trifft es zu, dass zu Beginn der englischen Renaissance gleichsam zwei

---

[449] Zur semantischen Komplexität und Entwicklung des Ausdrucks „The time is out of joint" vgl. Clayton, Thomas. „Hamlet I.v.196-197: 'The time is out of joint'". Notes and Queries for Readers and Writers, Collectors and Librarians 35.4 (1988): 471-473.

Welten, eine alte und eine moderne, aufeinandertreffen, dies aber nur insofern, dass eine „division of ideas into 'subversive' and 'orthodox'" (Shuger: 2) zu beobachten ist. So gibt es durchaus neue Strömungen, die sich jedoch erst allmählich herausbilden, während viele der alten, aus dem Mittelalter übernommenen Überzeugungen noch teilweise über beträchtliche Zeiträume hinweg weiter existieren, bevor sie ganz von den modernen Sichtweisen überlagert werden. Daher erscheint es treffender, zu sagen, dass im England des 16. Jahrhunderts Altes und Neues nicht aufeinandertrifft, sondern vielmehr nebeneinander besteht.

Auch in *Hamlet* ist diese Situation, die von Ernst Bloch als „Gleichzeitigkeit des Ungleichzeitigen" bezeichnet wurde (Pfister: 43), deutlich zu erkennen. Als Beispiel hierfür scheinen sich besonders der Auftritt des Geistes zu Beginn des ersten Aktes bzw. die Reaktionen, die dieser hervorruft, anzubieten.

Zunächst ist dabei festzuhalten, dass der allgemeine Glaube, die Seelen Verstorbener könnten aus dem Fegefeuer zur Erde zurückkehren, dem römischen Katholizismus des späten Mittelalters entstammt. Diese Überzeugung existierte zwar zunächst in der frühen Neuzeit weiter, wurde aber mit Fortschreiten der Reformation immer mehr abgelehnt, sodass die Kirche zur Entstehungszeit des *Hamlet* schon lange davon Abstand genommen hatte (vgl. Matheson: 383ff.). Dennoch wird anhand der Äußerung des Geistes

I am thy father's spirit,
Doomed for a certain term to walk the night,
And for the day confined to fast in fires,
Till the foul crimes done in my days of nature
Are burnt and purged away. (I.v.9-13)

deutlich, dass er hier diesen mittelalterlichen Glauben verkörpert.

Allein schon durch die Darstellung des Geistes wird also impliziert, dass der Glaube an derartige Erscheinungen auch im 16. Jahrhundert durchaus noch vorhanden war. Diese Vermutung bestätigt sich noch durch die Bemühungen Bernardos und Marcellus', Horatio von der Existenz des Geistes zu überzeugen. So wird hier eindeutig Whitmores Feststellung „the average Elizabethan ghost is as real as any other participant in the drama" (zit. in DeLuca: 149) untermauert.

Dennoch enthält das Stück auch deutliche Hinweise darauf, dass der aus dem Mittelalter übernommene Geisterglaube nicht von allen Elisabethanern geteilt wurde. Offensichtlich wird dies etwa durch Marcellus' Worte „Horatio says 'tis but our fantasy" (I.i.23). Horatio, der ein gelehrter Humanist, ein „scholar" (I.i.42), ist, steht metaphysischen Erscheinungen, wie etwa Geistern, also eher skeptisch gegenüber. Dies zeigt sich auch, wenn er den Geist, als dieser ihm zum zweiten Mal erscheint, als „illusion" (I.i.128), also als etwas zwar Wahrnehmbares, aber Unwirkliches bezeichnet, und schließlich, wenn er sagt, dass er dem Volksglauben über die Erscheinungszeit der Geister nur „zum Teil" Glauben schenkt („So have I heard and do in part believe it." (I.i.166).

Dadurch könnte man in Horatio einen Anhänger des in dieser Zeit etwa durch Montaigne propagierten Skeptizismus sehen. Während es jedoch zu den Überzeugungen dieser philosophischen Richtung gehört, alles Wissen anzuzweifeln und selbst die Sinneserfahrung für trügerisch zu halten (vgl. Hirschberger: 67), überrascht es, wenn Horatio, als ihm der Geist zum ersten Mal erscheint, äußert

[...], I might not this believe
Without the sensible and true avouch
Of mine own eyes. (I.i.56-58),

da er hier allein aufgrund der Tatsache, dass er den Geist sehen kann, von seinem anfänglichen Unglauben abzugehen scheint. Hierdurch tritt er vorübergehend nicht mehr als Skeptiker auf, sondern mutet eher wie ein früher Vertreter des Empirismus an, der in England vor allem durch die Philosophie Bacons aufkam. Während nämlich der Skeptizismus grundsätzlich alles in Frage stellt, stützt sich der Empirismus ausschließlich auf die Sinneserfahrung, die „alles bestimmt, was Wahrheit ist, Wert, Ideal, Recht, Religion" (Hirschberger: 188).

So zweifelt Horatio also einerseits die grundsätzliche Existenz von Geisterwesen an, während er andererseits einen protestantischen Geisterglauben vertritt, indem er dem Geist erstens Realität zugesteht, ihm aber zweitens die Identität als wirklichem Geist des toten Königs Hamlet abspricht und ihm diabolische Absichten unterstellt.[450] Dies wird deutlich, als er Hamlet warnt

---

450 Vgl. hierzu Erzgräber (103f.), der für das 16. Jahrhundert in England drei Positionen bezüglich des Geister- und Dämonenglaubens annimmt, wobei er darlegt, dass die grundsätzliche Gleichsetzung eines Geistes mit dem Teufel dem protestantischen Glauben entspricht.

> *What if it tempt you toward the flood, my lord,*
> *Or to the dreadful summit of the cliff*
> *That beetles o'er his base into the sea,*
> *And there assume some other, horrible form,*
> *Which might deprive your sovereignty of reason*
> *And draw you into madness? (I.iv.69-74).*

Darüber hinaus zeigt sich die Tatsache, dass Horatio noch stark im konservativen Glauben verwurzelt ist, dadurch, dass er das Auftreten des Geistes und damit auch den Stern, dessen Erscheinen mit dem des Geistes einher geht („When yond same star that's westward from the pole", I.i.36)[451], als Vorzeichen für kommende Unruhen im Staat deutet, da schließlich auch schon in der Antike die Sterne nahendes Unheil ankündigten (vgl. I.i.67-69 und I.i.112-125).[452]

Am Beispiel des Geistes offenbart sich also nicht nur die Tatsache, dass in der elisabethanischen Gesellschaft fundamentale Glaubensdifferenzen bestehen, da es sowohl Anhänger des alten Katholizismus als auch Vertreter der protestantischen Lehre gibt, und schließlich auch solche, die alles bisher Überlieferte anzweifeln. Darüber hinaus wird nämlich am Beispiel Horatios deutlich, dass, wohl gerade aufgrund dieses Nebeneinanders verschiedener Theorien, sogar innerhalb einer einzigen Person unterschiedliche Denkmodelle miteinander konkurrieren konnten.

Moderne Tendenzen oder Das Ende der „ordered existence"

Neue Autoritäten

Nachdem also an einem konkreten Beispiel deutlich wurde, inwieweit sich die Situation der „Gleichzeitigkeit des Ungleichzeitigen" im England des 16. Jahrhunderts aus dem Stück ableiten lässt bzw. inwieweit sie sich in ihm

---

451 Auch in Bezug auf den Stern, der Bernardo und Marcellus das Erscheinen des Geistes ankündigt, lässt sich eine neue Strömung des 16. Jahrhunderts erkennen. Folgt man nämlich der Untersuchung Donald W. Olsons, Marilynn S. Olsons und Russell L Doeschers, „The Stars of Hamlet", in der die Vermutung angestellt wird, es handele sich bei dem Stern „westward from the pole" um einen im Jahre 1572 entdeckten neuen Stern im Sternbild der Cassiopeia (vgl. 68ff.), kann man die Erwähnung dieses Sterns in Hamlet als Anspielung auf die Fortschritte im Bereich der Astronomie durch Forscher wie Digges oder Brahe deuten.
452 Bemerkenswert ist hierbei, dass der Glaube an den Einfluss der Sterne und der Natur im allgemeinen auf die Geschehnisse in der Welt zwar aus dem Mittelalter bzw. aus der Antike stammt, sich aber auch über die Renaissance hinaus halten konnte. So sehen noch zu der Zeit der französischen Revolution „Rousseau, Forster, Herder und andere Autoren das revolutionäre Geschehen der Zeit in Bildern und Vergleichen von Naturerscheinungen und Bewegungen des Weltalls (Baeumer: 508).

widerspiegelt, sollen nun einige Beispiele folgen, die insbesondere auf allgemeine moderne Tendenzen in dieser Zeit hinweisen.

Die Auswirkungen, die die erste dieser Tendenzen hat, konnten bereits am Beispiel Horatios abgelesen werden. Durch die Tatsache nämlich, dass er sich nicht im Klaren darüber ist, wie er die Geistererscheinung letztendlich zu deuten hat, zeigt sich, dass ihm die entsprechenden Vorgaben zur Deutung einer solchen Situation innerhalb des Zeitalters, in dem er lebt, fehlen. Anders ausgedrückt spiegelt das Zweifeln Horatios das Ende der „ordered existence" (Parker: 81).

Im Gegensatz zur Neuzeit, in der sich der Mensch plötzlich mit bisher unbekannten Situationen und Theorien auseinandersetzen muss, war die Welt des Mittelalters noch ein „orderly and rational place" (Parker: 81) gewesen. Auch das Weltbild der Elisabethaner gründete zunächst noch auf dieser Ordnung. So sind heute Begriffe wie *frame of order* für das Weltganze, *degree* für die Rangstufung innerhalb desselben oder *chain of being* für das übergeordnete Muster, das alle Elemente bzw. Glieder dieser Rangstufung harmonisch verbindet, charakteristisch für das konservative elisabethanische Weltbild (vgl. Suerbaum 1989, 475ff.).

Einen Hinweis auf die in diesem Sinne geordnete Welt des Mittelalters liefert beispielsweise Rosenkranz, indem er darlegt, wie sich das Ende eines Königs auf die gesamte restliche Welt auswirken müsse

> *The cess of majesty*
> *Dies not alone, but like a gulf doth draw*
> *What's near it with it; (III.iii.15-17).*

Dadurch zeigt sich, dass er fest in dem Glauben vieler Elisabethaner verwurzelt ist, die Beeinträchtigung eines Gliedes führe zwangsläufig zur Störung der gesamten *chain of being*.

Daneben ließe sich hier auch Polonius nennen, der seinem Sohn zahlreiche Verhaltensregeln mit auf den Weg nach Frankreich gibt („And these few precepts in thy memory", vgl. I.iii.58-80) und deren Einhaltung für so fundamental wichtig hält, dass er seinen Diener Reynaldo damit beauftragt, Laertes' Verhalten auszuspionieren. Dieses Vorgehen ordnet ihn eindeutig der alten Welt zu, denn, wie Parker es ausdrückt, „Life by rule is a medieval custom." (84).

Um das Verhalten des Polonius nun aber in Bezug zur Manifestation moderner Tendenzen im Stück zu setzen, könnte man einerseits so argumentieren, dass

Shakespeare durch die Art, wie er die Figur angelegt hat, die alte Lehre, die diese zu vertreten scheint, als in der Neuzeit unpassend und ungeeignet darstellen wollte. So ist es nämlich kaum zu bestreiten, dass Polonius überwiegend als einfältiger Narr gezeichnet wird. Beispiele hierfür liefern nicht nur Hamlets zahlreiche Äußerungen über ihn („The great baby you see there is not yet / out of his swaddling clouts.", II.ii.381/382; „Who was in life a foolish prating knave.", III.iv.216), sondern etwa auch die Szene, in der er meint, die Ursache für Hamlets Wahnsinn erkannt zu haben. So wird hier zunächst durch seine rhetorisch überspitzte Aufforderung „Give first admittance to th'ambassadors. / My news shall be the fruit to that great feast. (II.ii.51/52) deutlich, wie übertrieben wichtig er sich nimmt, während er sich im Folgenden durch sein Versprechen „I will be brief." (II.ii.92) innerhalb seines nicht enden wollenden Exkurs über die Wichtigkeit der „brevity" vollends lächerlich macht (vgl. II.ii.85-108). Andererseits aber gibt es durchaus auch Hinweise dafür, dass Polonius, den Fisher sogar als „representative humanist" (46) bezeichnet, nicht nur ein altmodischer Narr, sondern auch ein durchaus (selbst-)kritischer Beobachter ist. So scheint er, wenn er äußert

[...], it is as proper to our age
To cast beyond ourselves in our opinions
As it is common for the younger sort
To lack discretion. (II.i.115-118),

zwar einerseits die allzu ungestüme Jugend (und damit vielleicht auch das allzu ehrgeizige Streben der Zeit nach neuem Wissen) anzuklagen, aber andererseits auch seine eigene Generation wegen ihrer Überschätzung des alten, überlieferten Wissens bzw. wegen ihres Mangels an Flexibilität bezüglich der neuen Strömungen zu kritisieren. Wie immer man die Figur des Polonius aber auch bewertet, deutlich wird in jedem Fall, dass im 16. Jahrhundert das Ende der alten Ordnung begonnen hat, oder, wie Parker sagt, „The absolutes of the middle ages were gone, or at least no longer absolute, by Shakespeare's time. (84).

Zur Abkehr von der „ordered existence" gehört jedoch nicht nur die allmähliche Negierung des alten Weltbildes von Analogien und Hierarchien, sondern auch die Emanzipation gegenüber alten Autoritäten, insbesondere gegenüber Aristoteles. Diese Entwicklung – die antiken Autoren sind zwar noch im Gespräch, die allgemeine Lehre konzentriert sich jedoch immer mehr auf moderne Autoren, insbesondere aus Italien und Frankreich, wie Machiavelli oder Castiglione – hält z.B. Gabriel Harvey in seinem Essay „Revolution at Cambridge" fest (vgl. 181ff.).

Innerhalb des Stückes manifestiert sich diese Tendenz etwa durch die Tatsache, dass Laertes sich in Frankreich ausbilden lässt, und, in schwächerem Maße, auch durch Claudius' anerkennende Bewunderung der Franzosen bezüglich ihrer Reitkünste (vgl. IV.vii.80-89).

Gefährdung des Gottesgnadentum

Während die Abkehr von den konventionellen Autoritäten eine moderne Tendenz auf der Ebene der Kultur im allgemeinen markiert, also letztendlich Auswirkungen auf alle Lebensbereiche mit sich bringt, machen sich neue Strömungen auch im Speziellen, in Bereichen wie Religion und Politik, bemerkbar. So geriet in einer Zeit, in der die geordnete Welt des Mittelalters mehr und mehr Vergangenheit wurde, selbst die höchste Position, die ein Mensch innerhalb des *frame of order* innehaben konnte, nämlich die des Königs, in Gefahr.

Welche Auswirkungen eine Gefährdung des Königs nach konservativem elisabethanischen Glauben haben konnte, wurde bereits durch Rosenkranz' Ausführungen deutlich gemacht. Nun konstituiert sich die Sonderstellung des Königs aber nicht allein dadurch, dass er gleichsam den Kopf des *body politic* verkörpert (vgl. Suerbaum 1989: 498ff.), sondern auch durch den Glauben, dass er durch Gott, der ihn gesalbt hat, bzw. durch Gottes Gnade in sein Amt erhoben wurde.

Die Tatsache nun, dass der Glaube an das Gottesgnadentum und damit zwangsläufig auch die bisher unantastbare Stellung des Königs in der elisabethanischen Zeit immer mehr in Frage gestellt wurden, lässt sich auch an der Entwicklung in *Hamlet* erkennen. Zwar spielt das Stück nicht in der Erbmonarchie England, sondern in Dänemark, „which both in theory and practice was an elective kingdom" (Sjögren: 223), aber auch hier stützt sich der König in erster Linie auf das Gottesgnadentum. Dies wird insbesondere deutlich, als Claudius Gertrude mit den Worten zu beruhigen sucht

> *Do not fear our person.*
> *There's such divinity doth hedge a king*
> *That treason can but peep to what it would,*
> *Acts little of his will. (IV.v.124-127).*

Darüber hinaus kommt es hier zwar nicht zu einer Absetzung des Königs, wie etwa in dem, in dieser Hinsicht geradezu revolutionären *Richard II*. Dennoch wird Claudius kurzzeitig durch den aus Frankreich zurückkehrenden Laertes, der nur das eine Ziel hat, nämlich den Tod seines Vaters zu rächen, mit dieser

Gefahr konfrontiert. Dies geht soweit, dass sich der Leser durch die Beobachtung der Ereignisse bei Laertes' Rückkehr stark an die Geschehnisse in dem früheren Stück Shakespeares erinnert fühlt. So lässt die Nachricht des Boten in *Hamlet*

> *The ocean, overpeering of his list,*
> *Eats not the flats with more impiteous haste*
> *Than your Laertes, in a riotous head,*
> *O'erbears your officers. The rabble call him lord,*
> *And, as the world were now but to begin,*
> *Antiquity forgot, custom not known,*
> *The ratifiers and props of every word,*
> *They cry 'Choose we! Laertes shall be king!'*
> *Caps, hands, and tongues applaud it to the clouds:*
> *'Laertes shall be king! Laertes king!' (IV.v.101-110)*

erstens an den Bericht Salisburys über das allzu schnelle Überwechseln des Volkes auf die Seite Bolingbrokes in *Richard II*

> *To-day, to-day, unhappy day too late,*
> *O'erthrows thy joys, friends, fortune and thy state;*
> *For all the Welshmen, hearing thou wert dead,*
> *Are gone to Bolingbroke, dispers'd and fled. (III.ii.71-74)*

sowie an Bolingbrokes entschlossenes Vorhaben „In God's name, I'll ascend the regal throne." (IV.i.113) denken.

Sicherlich ließe sich hierzu einwenden, dass man aufgrund der Tatsache, dass Laertes keine revolutionären Absichten hat, sondern lediglich den Mörder seines Vaters stellen will, nicht von der Darstellung moderner Tendenzen sprechen kann. Dadurch aber, dass sich gleichsam zusätzlich die Stimme des Volkes, das ohnehin statt Claudius lieber Hamlet als Regenten sähe, gegen den König erhebt, erscheint eine solche Assoziation durchaus legitim.

Emanzipation des Bürgertums

Die soeben geschilderte Problematik geht offensichtlich sowohl mit neuen Strömungen im religiösen Bereich (die von Gott geschaffene Hierarchie, der von Gott gesalbte König und damit auch die Autorität Gottes selbst werden nicht mehr als absolut angesehen) als auch mit daraus resultierenden politischen Neuerungen (die hierarchische Ordnung wird angegriffen) einher. Die Ursache dafür ist in einem, sich neu entwickelnden Selbstbewusstsein des Bürgertums zu sehen, das nicht länger hinter dem Adel zurückstehen wollte.

Besonders offensichtlich wird diese Entwicklung etwa in Thomas Dekkers Stück *The Shoemaker's Holiday*, wo es dem Schuhmacher Simon Eyre gelingt, in das Amt des Bürgermeisters aufzusteigen. Dekker macht dabei nachdrücklich deutlich, wie groß der Stolz der Handwerker auf sich und ihr Gewerbe ist. Zum Beispiel, wenn er Eyre sagen lässt

> *Am I*
> *not Simon Eyre? Are not these my brave men, brave*
> *shoemakers, all gentlemen of the gentle craft? Prince am*
> *I none, yet am I nobly born, as being the sole son*
> *of a shoemaker. (III.i.48-52).*

Betrachtet man nun Shakespeares Stück im Hinblick auf diese Entwicklung, lässt sich, neben dem bereits aufgezeigten Aufbegehren des Volkes gegen Claudius, das Verhalten des Totengräbers als Hinweis auf die Emanzipation des Bürgertums gegenüber dem Adel sowie auf eine allgemeine Entwicklung hin zum Individualismus, die diesem Emanzipationsprozess zugrunde liegt, nennen. So nimmt der Totengräber zwar eine sehr niedrige Position auf der sozialen Leiter ein, aber die Äußerung

> *And the more pity*
> *that great folk should have countenance in this world*
> *to drown or hang themselves more than their even-*
> *Christian. [...] There is no ancient gentle-*
> *men but gardeners, ditchers, and grave-makers. (V.i.26-30)*

drückt einerseits seine Kritik an den Privilegien des Adels und damit an der sozialen Ungleichheit der Menschen im allgemeinen aus und erinnert andererseits durch die Betonung der Ehre und Würde, die in seinem Gewerbe liegen, stark an das Selbstbewusstsein eines Simon Eyre.

Darüber hinaus wird durch den Dialog des Totengräbers mit Hamlet deutlich, dass er dem gelehrten Adligen in Schlagfertigkeit und Argumentationsfähigkeit ebenbürtig ist, während ebenfalls gebildete Höflinge (Polonius, Osric, Rosenkranz und Güldenstern) im Gespräch mit Hamlet immer wieder klar unterliegen. So merkt Hamlet z.B. an „How absolute the knave is ! We must speak by / the card, or equivocation will undo us." (V.i.135/136). Außerdem bringt der Totengräber Hamlet, den er zwar nicht als den Dänenprinzen, zweifellos aber als Angehörigen des Adels erkennt, keinerlei Respekt entgegen. Dies zeigt sich beispielsweise, wenn er auf Hamlets Frage, wie lange der Sieg König Hamlets über Fortinbras zurückliege, antwortet „Cannot you tell that ? Every fool can tell / that." (V.i.144/145). Den wohl offensichtlichsten Hinweis auf die zunehmende Behauptung des Bürgertums liefert jedoch Hamlets Beobachtung

> *[...], this three years I have took note of it, the age is grown so picked that the toe of the peasant comes so near the heel of the courtier he galls his kibe. (V.i.137-139)*

Diese Beispiele weisen also darauf hin, dass sich das Individuum seit dem 16. Jahrhundert durch Aufwertung der eigenen Person immer stärker gegen die hierarchische Ordnung stellte und die Gleichheit der Menschen immer stärker betont wurde. Letzteres zeigt sich im Stück etwa auch, wenn sogar Hamlet als Adliger auf allgemeine Bedürfnisse des Menschen hinweist („For every man hath business and desire", I.v.130) und aufzeigt, dass alle Menschen, ob König oder Bettler, letztendlich dem Kreislauf der Natur unterworfen sind („Nothing but to show you how a king may go a / progress through the guts of a beggar.", IV.iii.29/30).

Durch Aufstreben des Bürgertums und Betonung der Gleichheit aller Menschen spiegeln sich in Hamlet so erste Tendenzen des 16. Jahrhunderts hin zu einer Entwicklung, die in der Zeit der Aufklärung dann im durch Locke vertretenen Liberalismus gipfelt. So ist nämlich nach Locke der Staat nicht „von Natur" gegeben, sondern er entspringt ausschließlich aus dem Willen der Individuen, weshalb der Individualismus für ihn von besonderer Bedeutung ist (vgl. Hirschberger: 216f.).

Suche nach neuem Wissen

Zusammenfassend lässt sich für alle soweit aufgezeigten modernen Tendenzen des 16. Jahrhunderts festhalten, dass sie gleichsam in Wechselwirkung zu einer grundlegenden Umstrukturierung des menschlichen Denkens stehen, sodass sie einerseits aus dieser Umstrukturierung hervorgegangen sind und sie andererseits weiter vorantreiben. Gemeint ist damit die mit der Neuzeit aufkommende Tendenz des Individuums, neues Wissen über sich selbst und die Welt erlangen zu wollen, bisherige Theorien zu hinterfragen und tiefer in das Wesen der Dinge einzudringen.

Mit Abstand am deutlichsten spiegelt sich diese grundlegende Neuerung wohl in dem Stück *Doctor Faustus* des Shakespeare'schen Zeitgenossen Christopher Marlowe wider. Unter der Prämisse „Wissen ist Macht" strebt Faust hier nach der Erkenntnis aller Dinge und hat dabei nicht einmal Skrupel, seine Seele zu verkaufen, um sein Ziel zu erreichen.

Bei Shakespeare lässt sich das neue Streben nach Wissen freilich nicht in solch drastischer Weise erkennen, dennoch kann man auch hier anhand einiger Stellen einen Bezug zu dieser Entwicklung zumindest erahnen. So weist beispielsweise Hamlet mit den Worten „There are more things in heaven and earth, Horatio, / Than are dreamt of in your philosophy." (I.v.166/167) den humanistisch gelehrten Horatio darauf hin, dass es jenseits des Humanismus bzw. über dessen Lehren hinaus noch unentdecktes Wissen gibt. Auch Hamlets verzweifelter Ausspruch

> *[...], there is*
> *something in this more than natural, if philosophy could*
> *find it out. (II.ii.365-367)*

impliziert, dass die zeitgenössische philosophische Lehre nicht hinreichend ist, um alle Phänomene zu erklären, und man folglich nach neuen Erkenntnissen suchen muss, um die Welt zu verstehen. Ebenso lässt es sich deuten, wenn er über das Schicksal seines Vaters, der, mit Sünden beladen, in den Tod gegangen ist, sagt

> *And how his audit stands, who knows save heaven?*
> *But in our circumstances and course of thought,*
> *'Tis heavy with him. (III.iv.82-84).*

Dadurch betont er nämlich einerseits, dass König Hamlet nach protestantischem Glauben aufgrund seiner Sünden wohl kaum ein mildes Urteil von Gott zu erwarten habe. Andererseits weist aber seine Formulierung „in our circumstances and course of thought" darauf hin, dass diese Denkweise nicht zwingendermaßen absolut sein muss, sondern dass es durchaus auch andere, vielleicht fortschrittlichere oder aufgeklärtere geben kann.

> *Auch Polonius' Vorsatz*
> *[...], I will find*
> *Where the truth is hid, though it were hid indeed*
> *Within the centre. (II.ii.157-159)*

scheint eine Anspielung auf die Tendenz, alles von Grund auf erforschen zu wollen, zu sein. So will er zur Auffindung der Ursache für den Wahnsinn anscheinend in das Innerste der Seele Hamlets vordringen, wobei „centre" im wörtlichen Sinne hier wohl eher den Mittelpunkt der Erde meint, die ja wiederum nach mittelalterlichem Glauben das Zentrum des Universums bildete. Den offensichtlichsten Hinweis auf bisher unerforschtes Wissen im Text liefert jedoch die Formulierung Ophelias „Lord, we know what we are, but know / not what we may be." (IV.v.43/44), da hier auf die „basic uncertainty regarding the future of man" (Burge, 68) angespielt wird.

Nachdem nun die grundlegende Situation der damaligen Zeit, nämlich das Nebeneinander alter und neuer Vorstellungen, sowie einige der damals neu aufkommenden Tendenzen und Strömungen dargelegt und ihre Spiegelungen im Text aufgezeigt wurden, soll im Folgenden untersucht werden, welche Auswirkungen dieses Umfeld auf Hamlet sowie auf sein Welt- und Selbstbild hat.

Hamlet – Ein Opfer seiner Zeit

Problem und (un-)mögliche Lösungen

Um die Konsequenzen, die die aufgezeigte Beschaffenheit des 16. Jahrhunderts auf Hamlet hat, deutlich machen zu können, scheint es unumgänglich, sich zunächst einmal das Problem, vor das Hamlet gestellt ist, vor Augen zu führen. Konkret wird dieses Problem zweifellos durch den Geist und seine Forderungen. Günther geht sogar so weit, zu behaupten, Hamlets Welt geriete nicht erst durch den Racheauftrag „aus den Fugen", sondern bereits durch das bloße Erscheinen des Geistes (vgl. 41). Diese These wird umso einleuchtender, macht man sich bewusst, dass Hamlet in Wittenberg, einem „Zentrum aufklärerisch-rationaler Skepsis (Günther: 41), studiert hat und Geistererscheinungen folglich ebenso ungläubig gegenübersteht wie Horatio. Diese Skepsis wird denn auch deutlich, wenn er bezüglich des Berichtes über den Geist äußert „'Tis very strange." (I.ii.220) und daraufhin seine Informanten, Horatio, Bernardo und Marcellus, einer detaillierten Befragung bezüglich des Erscheinungsbildes des Geistes unterzieht (vgl. I.ii.225-242).

Als der Geist ihm dann erstmals erscheint, zeigt sich, dass Hamlet, wie es auch bei Horatio zu beobachten war, der protestantischen Lehre bezüglich des Geisterglaubens folgt, indem er in dem Geist eine Höllengestalt vermutet. So befragt er ihn

> *Be thou a spirit of health or goblin damned,*
> *Bring with thee airs from heaven or blasts from hell,*
> *Be thy intents wicked or charitable,*
> *Thou comest in such a questionable shape*
> *That I will speak to thee. (I.iv.40-44).*

Hierin wird aber auch offensichtlich, dass er sich, anders als Horatio, der negativen Absicht des Geistes nicht sicher ist, sodass er sich auf dessen Wink einlässt. Nachdem der Geist ihm sein Anliegen vorgetragen hat, verschwindet Hamlets Misstrauen dann auch zunächst völlig, und er versichert Horatio „Touching this vision here, / It is an honest ghost, that let me tell you." (I.v.137/138). Darüber hinaus schwört er nachdrücklich, den Tod seines Vaters ohne Rücksicht auf alles, was er gelernt hat, also ohne Rücksicht auf jegliche herrschende Moral und damit auf sein Gewissen, zu rächen

Remember thee ?
Yea, from the table of my memory
I'll wipe away all trivial fond records,
All saws of books, all forms, all pressures past
That youth and observation copied there,
And thy commandment all alone shall live
Within the book and volume of my brain,
Unmixed with baser matter. (I.v.97-104).

Dadurch wird deutlich, dass Hamlet, obwohl alles, was der Geist des Vaters ihm aufgetragen hat, seinen bisherigen Überzeugungen widerspricht, er nicht fähig ist, sich gegen den Vater und die alte Welt, die dieser hier verkörpert, aufzulehnen (vgl. Matheson: 385).

Kurze Zeit später jedoch gerät Hamlet erneut in Zweifel darüber, ob der Geist ihn nicht doch in die Verdammnis treiben will

The spirit that I have seen
May be a devil, and the devil hath power
T'assume a pleasing shape, yea, and perhaps
Out of my weakness and my melancholy,
As he is very potent with such spirits,
Abuses me to damn me. (II.ii.596-601).

Hamlets Problem besteht also, nachdem er nach anfänglicher Skepsis bezüglich der Existenz von Geistern eines Besseren belehrt wurde, in einem „Nebeneinander zweier Moralsysteme" (Erzgräber: 105). Schenkt er nämlich dem Geist Vertrauen, ist es seine Pflicht als Sohn, seinen ermordeten Vater zu rächen. Andererseits darf er dem Geist nach protestantischem Glauben grundsätzlich nicht vertrauen, da er diabolische Absichten verfolgt.

Zur Lösung dieses Problems bleiben Hamlet nach seiner folgerichtigen Feststellung „The time is out of joint. O, cùrsed spite, / That ever I was born to set it right !" (I.v.188/189) deshalb nur drei Möglichkeiten: Ausüben der Rache, Selbstmord oder stoisches Erleiden seiner Situation, ohne zu handeln (vgl.

McElroy: 543). Betrachtet man diese Lösungen jedoch genauer, erscheinen sie für den Leser letztendlich ebenso als unmöglich durchführbar wie für Hamlet selbst.

So hindert ihn an einer Ausführung des Racheauftrags nicht nur der soeben geschilderte Zweifel bezüglich der Identität des Geistes, sondern wohl auch die Tatsache, dass Privatrache zur elisabethanischen Zeit nicht mehr in dem gleichen Maße gerechtfertigt werden konnte, wie dies noch im Mittelalter der Fall gewesen war.[453] Die Rache zu vollziehen und dem Geist Vertrauen zu schenken, hieße also, sich ganz der Welt des Mittelalters mit ihrem Glauben an das Fegefeuer und dem Ehrenkodex der Rache als Vergeltung allen Übels hinzugeben. Folglich kann dies für den humanistisch gebildeten und protestantisch geprägten Hamlet nicht die Lösung seines Problems darstellen.

Als weitere mögliche Lösung zieht Hamlet den Selbstmord in Betracht. Wie wenig ihm an seinem Leben noch liegt, wird z.B. deutlich, wenn er Polonius versichert

> *You cannot, sir, take from me anything that I*
> *will not more willingly part withal – except my life,*
> *except my life, except my life. (II.ii.215-217).*

So erscheint es ihm zunächst das Einfachste zu sein, sein Leben und damit seine unerträgliche Situation zu beenden.

> *To die, to sleep -*
> *No more – and by a sleep to say we end*
> *The heartache and the thousand natural shocks*
> *That flesh is heir to. 'Tis a consummation*
> *Devoutly to be wished. To die, to sleep -*
> *To sleep – perchance to dream. Ay, there's the rub. (III.i.60-65).*

Gleich darauf tun sich jedoch auch bezüglich dieser Lösung Zweifel in Hamlet auf, da es schließlich eine Sünde wäre, seinem von Gott gegebenen Leben mit eigener Hand ein Ende zu setzen („[...] that the Everlasting had not fixed / His canon 'gainst self-slaughter.", I.ii.131/132).

---

[453] Stadter liefert in seinem Buch Hyperion to a Satyr eine ausführliche Darstellung des Racheproblems zur elisabethanischen Zeit. Beispielsweise sah man private Rache als „Strafe Gottes" oder auch als „Mittel zur Vergeltung". Gerade dadurch blieb sie aber immer in die „göttliche Gerechtigkeit" eingebunden und wurde wie jede Sünde geahndet (vgl. 19ff.).

Wie unmöglich ein Selbstmord im 16. Jahrhundert war, zeigt schließlich auch das Begräbnis Ophelias. So weisen die Worte des Totengräbers darauf hin, dass einem Selbstmörder normalerweise ein christliches Begräbnis verwehrt ist („Is she to be buried in Christian burial / When she wilfully seeks her own salvation ?", V.i.1/2), während der Priester unmissverständlich deutlich macht, welche Strafe einem Selbstmörder gebührlich wäre („For charitable prayers, / Shards, flints, and pebbles should be thrown on her.", V.i.226/227). Schließlich zeigen auch Horatios Worte „I am more an antique Roman than a Dane." (V.ii.335), die er äußert, als er aus dem vergifteten Kelch trinken will, wie unangemessen ein Selbstmord in dieser Zeit im Vergleich zur Antike, wo es schon fast eine Tugend darstellte, sich selbst zu töten, ist.

Hamlet sieht also seinen Tod „within the traditional context of the Christian conception of sin and punishment" (Taylor: 156) und scheut deshalb vor einem Selbstmord zurück. Schließlich kann man nicht wissen, was nach dem Tode kommt („For in that sleep of death what dreams may come", III.i.66), so dass man lieber das Leben erleidet, als dieses ungewisse Risiko auf sich zu nehmen

> *Who would fardels bear,*
> *To grunt and sweat under a weary life,*
> *But that the dread of something after death,*
> *The undiscovered country, from whose bourn*
> *No traveller returns, puzzles the will,*
> *And makes us rather bear those ills we have*
> *Than fly to others that we know not of?*
> *Thus conscience does make cowards of us all; (III.i.76-83).*

Dies zeigt, dass Hamlet nicht den Tod an sich fürchtet, sondern vielmehr das „being dead" (van Tassel: 57).

Gerade die Tatsache aber, dass Hamlet die Möglichkeit des Selbstmordes überhaupt in Betracht zieht, stellt einen weiteren Hinweis auf die modernen Tendenzen, die das Stück widerspiegelt, dar. Indem nämlich Hamlet seine Skepsis gegenüber dem, was nach dem Tod kommt, äußert, und sogar versucht ist, seinem Leben selbst ein Ende zu machen, setzt er sich nicht nur über die gängige Lehre des Protestantismus hinweg, sondern erkennt gleichsam darüber hinaus auch die bisher unangezweifelte Autorität Gottes, der nach protestantischem Glauben allein über Leben und Tod zu richten hat, nicht mehr an. Während also die Ausübung der Rache bedeutete, nach den Prämissen der alten Welt zu handeln, die in der elisabethanischen Zeit immer mehr zurückgedrängt wurden und deshalb nicht mehr tragbar sind, wäre der

Selbstmord eine geradezu revolutionäre Tat und ist eben darum ebenso unmöglich.

Die dritte und letzte Möglichkeit, die sich Hamlet bietet, ist die, nichts zu tun und in seiner bisherigen Lage zu verharren. Diese Lösung entspräche zwar am ehesten seiner Erziehung, da er weder durch Mord, noch durch Selbstmord gegen die Gebote Gottes verstoßen müsste. Dennoch gibt es auch hier zwei triftige Gründe, die ein einfaches Erdulden seiner Lage für Hamlet unmöglich machen. So hat erstens Claudius durch den Mord an König Hamlet die, für die Elisabethaner so wichtige Ordnung zerstört. Dies wird explizit deutlich, als der Geist Hamlet den Auftrag erteilt „Revenge his foul and most unnatural murder" (I.v.25). So weisen die Ausdrücke „foul" und „unnatural" nach Erzgräber nämlich auf die *lex naturalis* hin, auf der das Zusammenleben der Menschen aufbaut und die ihnen das Wissen um Gut und Böse einverleibt (vgl. 109). Die Ordnung im Staat ist also gestört, und für Hamlet erscheint es, wenn nicht unmöglich, so aber doch unerträglich, mit dem Wissen darum weiter zu leben, ohne etwas dagegen zu unternehmen. Schließlich hat er durch die Aufforderung zur Rache gleichzeitig den Auftrag empfangen, die gestörte Ordnung wieder herzustellen.

Ein weiterer Grund, der ein stilles Erleiden unerträglich erscheinen lässt, ist die Tatsache, dass Claudius Hamlet nicht nur den Vater, und, in einem gewissen Sinne durch die Hochzeit mit ihr, auch die Mutter genommen, sondern, dass er ihn gleichsam seiner Identität als rechtmäßiger König Dänemarks beraubt hat. Zwar handelt es sich, wie bereits erwähnt, bei Dänemark um ein Wahlkönigreich, so dass Claudius' Herrschaft rein rechtlich durchaus nicht angreifbar scheint. Für elisabethanische Verhältnisse wäre eine solche Situation – der Bruder des Königs tritt statt des mündigen Sohnes die Herrschaft an – jedoch undenkbar (vgl. Sjögren: 224).[454] Außerdem ist es wahrscheinlich, dass, genauso wie Claudius es in seiner heuchlerischen Freundlichkeit tut (vgl. I.ii.108-112), König Hamlet statt seines Bruders eher seinen Sohn als Thronfolger empfohlen hätte.

Konkret zeigt sich Hamlets unerträgliche Situation, wenn er etwa seinen Kopf bzw. seinen Geist und damit sein Inneres als „distracted globe" (I.v.97)

---

[454] Hierzu ist zu sagen, dass das Stück zwar in Dänemark spielt, dass Hamlet aber dennoch zweifellos als „Elisabethan gentleman" (Parker, 84) dargestellt wird. Indizien dafür liefern beispielsweise Ophelias Aussage über ihn („The coutier's, soldier's, scholar's, eye, tongue, sword", III.i.152), sowie auch die Zeile, in der Hamlet sich auf die für das konservative elisabethanische Weltbild charakteristische Temperamentenlehre bezieht („But I am pigeon-livered and lack gall", II.ii.574).

bezeichnet. Diese Metapher kann einerseits, ähnlich wie „The time is out of joint", wohl abstrakt als Hinweis auf die beschriebene ambige Situation des 16. Jahrhunderts gesehen werden. Andererseits scheint der Ausdruck konkret auf das neue heliozentrische Weltbild hinzuweisen, in dem die Welt dadurch „distracted", also gleichsam „beunruhigt" ist, indem sie ihre zentrale Stellung einbüßen musste.[455] Und schließlich auch, wenn Hamlet sich als „Beggar" (II.ii.272) bezeichnet und Rosenkranz und Güldenstern seine Situation schildert

> *I have of late – [...]*
> *[...] – lost all my mirth, forgone all custom*
> *of exercises. And indeed it goes so heavily with my*
> *disposition that this goodly frame the earth seems to*
> *me a sterile promotory. This most excellent canopy,*
> *[...] – why, it*
> *appeareth nothing to me but a foul and pestilent con-*
> *gregation of vapours. (II.ii.295-303),*

wird seine für ihn unerträgliche Lage deutlich.

Hamlets Problem lässt sich zusammenfassend also so beschreiben, dass seine Welt in doppelter Hinsicht „aus den Fugen" geraten ist. Erstens dadurch, dass ihm ein Geist erschienen ist, an dessen mögliche Existenz er ursprünglich nicht geglaubt hatte, und zweitens, indem durch Claudius' Tat die Ordnung zerstört und ihm seine Identität genommen wurde. Dieses Problem verschlimmert sich dadurch noch, dass ihm, entsprechend der im ersten Kapitel aufgezeigten „Gleichzeitigkeit des Ungleichzeitigen", verschiedene Lösungsmöglichkeiten zur Verfügung stehen, die aber alle aufgrund der herrschenden Moral wiederum als unmöglich erscheinen.

So sieht sich Hamlet, der nach Parker ein Produkt aus Humanismus und Reformation verkörpert (vgl. 385), durch die (un-)möglichen Lösungen sowohl mit der alten als auch mit der neuen Welt konfrontiert, gerät gerade dadurch in Zweifel und ist unfähig, sich zum Handeln, in welcher Weise auch immer, zu entscheiden. Hier zeigt sich im Speziellen für Hamlets Situation, was weiter oben als moderne Tendenz der Zeit dargelegt wurde. In einer Welt voller „Ambiguitäten" (Erzgräber: 119) fehlen Hamlet die entsprechenden Autoritäten bzw. Richtlinien, nach denen er handeln kann. Traschen fasst diese Problematik in der Frage zusammen „How can he act, when there is no ultimate ground, no

---

[455] Hierauf weist ebenfalls die Zeile „Doubt that the sun doth move" (II.ii.116) in Hamlets Liebesbrief an Ophelia hin.

absolute from which to act ?" (518). In dieser Hinsicht erscheint Hamlet gleichsam als „Opfer seiner Zeit", da er aufgrund der Konfrontation mit den verschiedensten Strömungen zu einer Entscheidung unfähig ist und sich infolgedessen in einer regelrecht ausweglosen Situation befindet, ohne dass er diese verschuldet hätte.[456]

Flucht nach Innen

Nachdem somit das eigentliche Dilemma Hamlets deutlich geworden ist, soll nun näher betrachtet werden, welche Auswirkungen dieses Problem bzw. die Tatsache, dass es unlösbar erscheint, auf Hamlet hat. Die Antwort auf diese Frage wurde durch die Betrachtung der drei Lösungsmöglichkeiten implizit schon gegeben. So führt Hamlets Passivität nämlich dazu, dass er sich gleichsam in sein Inneres flüchtet und somit über seine Lage sowie über die Welt und den Menschen im Allgemeinen reflektiert.

Dies manifestiert sich im Text etwa dadurch, dass er sich der Problematik von Schein und Sein, die am dänischen Hofe als besonders ausgeprägt erscheint, bewusst wird. Das wohl augenscheinlichste Beispiel hierfür liefert Claudius, der durch seine skrupellose Machtergreifung und -erhaltung geradezu als Prototyp des Machiavellisten gezeichnet ist (vgl. Lupton: 59).[457] Für ihn wird es regelrecht zur Existenzgrundlage, nach außen hin anders zu erscheinen als er wirklich ist. Diese Tatsache macht Hamlet mit den Worten

O villain, villain, smiling, damnèd villain !
My tables – meet it is I set it down
That one may smile, and smile, and be a villain. (I.v.106-108)
deutlich. Auch, wenn Hamlet Ophelia sowie den Frauen im allgemeinen vorwirft
I have heard of your paintings too, well enough.
God hath given you one face, and you make yourselves
another. (III.i.143-145),

wird offensichtlich, dass er nicht mehr von der Gleichsetzung äußerlicher Schönheit mit innerer Tugendhaftigkeit überzeugt ist, die ja im Petrarkismus

---

456 Die Tatsache, dass Shakespeare die Situation auf diese Weise darstellt, legt nahe, dass er selbst noch stark von der typisch elisabethanischen Auffassung, Veränderung müsse grundsätzlich negativ gedeutet werden (vgl. Suerbaum 1996: 101), überzeugt war.
457 Auch hier zeigt sich die Manifestierung moderner Tendenzen im Stück, da man an Claudius' Vorgehensweise sehr deutlich die auf den Schriften Machiavellis beruhende „neuzeitliche Trennung von Politik und Moral" (Hirschberger: 55) beobachten kann.

noch ausführlich gepriesen wurde. Und schließlich weist auch die Szene, in der Hamlet seiner Mutter den Spiegel vorhält, damit sie darin ihr wahres Wesen bzw. ihre innere Substanz erkenne (vgl. III.iv.20/21), auf die Trennung von Äußerem und Innerem hin.

Damit ist eine weitere moderne Tendenz im Stück zu erkennen, da sich in der Problematik von Schein und Sein der von Descartes angenommene Dualismus erkennen lässt.[458] Dieser meint die Trennung von Substanz und Materie und begründet so eine neue Sicht des Menschen und der Welt. Während nämlich für die Antike und das Mittelalter das „Objektive und Reale" das zuerst gegebene darstellte, wird nach Descartes in der Neuzeit umgekehrt das Objektive durch das Subjektive verdrängt (vgl. Hirschberger: 99). Folglich erlangt Hamlet bei genauer Beobachtung seiner Umwelt also das Bewusstsein, dass nicht alles so ist, wie es von außen scheint, bzw. dass das Äußere nicht zwangsläufig das Innere widerspiegelt.

Auch bezüglich der Bedeutung des Menschen kommt Hamlet durch sorgfältige Reflexion zu für ihn neuen Erkenntnissen. Dies wird vor allem offensichtlich, wenn er an Ophelias Grab feststellt „To what base uses we may return" (V.i.199) und schließlich zu der Überzeugung kommt „And a man's life's no more than to say 'one'." (V.ii.74). Hamlet erkennt also, wie unwichtig der Mensch, der nach dem Tode zu bloßem Staub zerfällt, eigentlich ist. Innerhalb eines Stückes jedoch, das, wie sich gezeigt hat, in nicht geringem Ausmaß auf die neuen Strömungen seiner Entstehungszeit verweist, erscheint diese Erkenntnis in gewissem Sinne rückschrittlich, da sie, wie Pfister feststellt, den „Rückfall in einen mittelalterlichen Diskurs der Nichtigkeit der Dinge" (76) kennzeichnet.

Zweifellos könnten noch zahlreiche Beispiele dafür genannt werden, in welcher Weise sich Hamlets Welt- und Selbstbild im Laufe des Dramas wandelt. Anführen ließen sich etwa Hamlets selbstanklagende Vergleiche mit Fortinbras, Pyrrhus, dem Schauspieler und indirekt auch mit Alexander, die nach Reedy zu einer „maturity and self-acceptance" (134) Hamlets führen. Ebenso könnte man die allgemeine Entwicklung erwähnen, dass sich die Elisabethaner allmählich nicht mehr der launischen *fortuna* ausgesetzt sehen, sondern eine „sinnstiftende Ordnung" hinter den Dingen erkennen (vgl. Stadter: 23). Dies spiegelt sich im

---

458 Vgl. Cefalu, Paul A. „'Damned Custom ... Habits Devil': Shakespeare's Anti-Dualism, and the Early Modern Philosophy of Mind." ELH 67.2 (2000): 399-431. Der Autor diskutiert hier ausführlich die Bezüge des Stückes zu Descartes, ordnet Hamlet aber letztendlich eher dem Behaviorismus als dem Kartesianismus zu.

Stück insbesondere dadurch wider, dass Hamlet sein Leben im fünften Akt ganz der *providence*, also der göttlichen Vorsehung, unterstellt (There is special / providence in the fall of a sparrow.", V.ii.213/14), wodurch ebenfalls eine Änderung in Hamlets Weltbild offensichtlich wird.

Das für die vorliegende Untersuchung wichtige Moment scheint aber bereits nach diesen wenigen Beispielen deutlich geworden zu sein. So fällt Hamlet nämlich einerseits in einem gewissen Sinne seiner Zeit zum Opfer, hat aber andererseits, gerade durch sein Problem und seine Unfähigkeit, zu handeln, ein für diese Zeit fortschrittliches tieferes Bewusstsein über sich selbst sowie auch über seine Umwelt erlangt.

Rachetragödie ohne Rache ?

Bevor nun die Ergebnisse der vorliegenden Untersuchung noch einmal zusammengefasst werden sollen, scheint es notwendig, einmal kurz darauf einzugehen, wie Shakespeare in diesem Stück, das ja allgemein als Rachetragödie bezeichnet wird, eigentlich vorgeht. Betrachtet man *Hamlet* nämlich auf das bloße Moment der Rache hin genauer, ist eine Bezeichnung des Stückes als „Rachetragödie ohne Rache" bei weitem nicht so abwegig, wie es auf den ersten Blick scheinen mag.

Zwar weist das Stück durchaus typische Merkmale einer Rachetragödie auf, wie z.B. einen Mord vor Beginn der gezeigten Handlung, das Erscheinen eines Geistes oder das Spiel im Spiel (vgl. Erzgräber: 101). Ungewöhnlich ist jedoch, dass die eigentliche Rache im Grunde nie zur Ausführung kommt. Während Laertes nämlich als entschlossener und zielstrebiger Rächer im archaischen Stil auftritt, kann sich Hamlet nach langem Zögern erst in der letzten Szene dazu durchringen, Claudius zu töten, und das auch erst, als dessen Schuld durch den versehentlichen Mord an Gertrude sowie die absichtlich herbeigeführte Ermordung Hamlets selbst offensichtlich geworden ist. So kann man Everett durchaus in der Behauptung zustimmen „In the end he [Hamlet] revenged only himself." (118).

Nach dieser Feststellung kommt nun zwangsläufig die Frage auf, weshalb Shakespeare sich hier überhaupt des Rachemotivs bedient, wenn die Erfüllung der Rache anscheinend gar nicht das primäre Ziel des Dramas darstellt. Die Antwort darauf wurde indirekt jedoch innerhalb dieser Untersuchung bereits gegeben. Schließlich lieferten erst der Mord an König Hamlet und der darauf folgende Racheauftrag überhaupt den Anlass für Hamlets „Flucht nach innen". Die innere Reflexion des Protagonisten über Welt und Selbst stellt somit das eigentliche Thema des Stückes dar, während die Rache im Grunde nur Mittel zum Zweck ist, um die modernen Tendenzen der Zeit und insbesondere das aufkommende Bewusstsein des Menschen für sich und seine Umwelt aufzuzeigen. Mit anderen Worten erscheint das Rachemotiv als „catalyst by which he [Shakespeare] will activate truth about humanity." (Burge: 58).

Zusammenfassend lässt sich deshalb sagen, dass *Hamlet* seine Funktion als Kunstwerk durchaus erfüllt. In diesem Sinne nämlich, dass das Stück sehr wohl als Spiegel seiner Zeit fungiert. Einer Zeit, die im Vergleich zur geordneten Welt des Mittelalters „out of joint" ist und in der die grundlegende Frage, die sich der Mensch aufgrund des Aufkommens moderner Tendenzen und der daraus resultierenden „Gleichzeitigkeit des Ungleichzeitgen" zu stellen hat, nicht „to be or not to be" sein darf, sondern „What to do or not to do" (Traschen: 519) lauten muss. So macht Hamlets Schicksal die Situation des Menschen deutlich, der aufgrund der sich ändernden Zeit geradezu gezwungen ist, Fragen zu stellen, eigenmächtig Entscheidungen zu treffen und schließlich die Welt bzw. seine Position innerhalb dieser neu zu definieren.

Literaturverzeichnis

Primärliteratur

Dekker, Thomas. „The Shoemaker's Holiday". The Portable Elizabethan Reader. Hg. Hiram Haydn. Harmondsworth: Penguin 1980. 429-507.

Harvey, Gabriel. „Revolution at Cambridge". The Portable Elizabethan Reader. Hg. Hiram Haydn. Harmondsworth: Penguin, 1980. 181-185.

Shakespeare, William. King Richard II. Hg. Peter Ure. 5., neu bearb. Aufl. London, Routledge, 1961.

Shakespeare, William. Four Tragedies. Hg. T. J. B. Spencer. London: Penguin, 1994.

Sekundärliteratur

Baeumer, Max L. „Die Adaption von Aufruhr und Revolution aus dem kosmischen Weltbild in der Literatur des 16. und 17. Jahrhunderts". Daphnis. Zeitschrift für Mittlere Deutsche Literatur 15 (1986): 483-508.

Burge, Barbara. „Hamlet. The Search for Identity". A Review of English Literature 5.2 (1964): 58-71.

Cefalu, Paul A. „'Damned Custom ... Habits Devil': Shakespeare's Anti-Dualism, and the Early Modern Philosophy of Mind." ELH 67.2 (2000): 399-431.

Clayton, Thomas. „Hamlet I.v.196-197: 'The time is out of joint'". Notes and Queries for Readers and Writers, Collectors and Librarians 35.4 (1988): 471-473.

Erzgräber, Willi. „Shakespeares Hamlet als Rachetragödie". Literaturwissenschaftliches Jahrbuch im Auftrag der Gorres Gesellschaft 35 (1994): 101-119.

Fisher, Alan. „Shakespeare's Last Humanist". Renaissance and Reformation 14.1 (1990): 37-47.

Günther, Frank. „Sein oder nicht sein – was ist hier die Frage ? Vom Abbild der Zeiten im Spiegel Hamlet". Jahrbuch der deutschen Shakespeare Gesellschaft (1988): 25-43.

Hirschberger, Johannes. Geschichte der Philosophie. Bd. 2: Neuzeit und Gegenwart. 11., neu bearb. Aufl. Freiburg: Herder, 1980.

Lupton, Julia. „Truant Dispositions: Hamlet and Machiavelli". Journal of Medieval and Renaissance Studies 17.1 (1987): 59-82.

Matheson, Mark. „Hamlet and 'A Matter Tender and Dangerous'". Shakespeare Quarterly 46.4 (1995): 383-397.

McElroy, Davis D. „'To Be or Not To Be' – Is That the Question ?". College English 25 (1964): 543-545.

Olson, Donald W., Marilynn S. Olson und Russell L. Doescher. „The Stars of Hamlet". Sky and Telescope 96.5 (1998) : 68-73.

Parker, Robert B. „Dark Laughter: Hamlet and the Problem of Belief". Lock Haven Review 12 (1971): 81-89.

Pfister, Manfred. „Die frühe Neuzeit: Von Morus bis Milton". Englische Literaturwissenschaft. Hg. Hans Ulrich Seeber. 3., erw. Aufl. Stuttgart: Metzler, 1999.

Reedy, Gerard, S. J. „'Alexander Died': Hamlet, V.i.216-40". Shakespeare Quarterly 24 (1973): 128-34.

Shuger, Debora Kuller. Habits of Thought in the English Renaissance. Religion, Politics, and the Dominant Culture. Toronto: Toronto UP, 1997.

Sjögren, Gunnar. „The Danish Background in Hamlet". Shakespeare Studies 4 (1969): 221-230.

Stadter, Andrea. Hyperion to a Satyr. Hamlet im Kontext zeitgenössischer Rachetragödien 1589-1603. Heidelberg: Winter, 1989.

Suerbaum, Ulrich. Das elisabethanische Zeitalter. Stuttgart: Reclam, 1989.

Suerbaum, Ulrich. Shakespeares Dramen. Tübingen: Francke, 1996.

Taylor, Michael. „The Conflict in Hamlet". Shakespeare Quarterly 22 (1971): 147-161.

Traschen, Isadore. „Hamlet's Modernity". The Southern Review 18.3 (1982): 517-527.

Van Tassel, David E. „Clarence, Claudio, and Hamlet: 'The Dread of Something after Death'". Renaissance and Reformation 7.1 (1983): 48-62.

Whitmore, Charles E. The Supernatural in Tragedy. Cambridge: 1915. Zit. in Diana MacIntyre DeLuca. „The Movements of the Ghost in Hamlet". Shakespeare Quarterly 24 (1973): 147-154.

Multiple Iago
–
The Character and Motives of Iago in Shakespeare's *Othello*

Pia Witzel, 1999

Introduction

There has been a long critical debate about the figure of Iago in Shakespeare's *Othello* and especially about his motivation.

Most complex of all for actors and critics is the Iago problem. This villain is much more dangerous than Cinthio's. He not only betrays the Moor and the Captain (Cassio); he injures everyone in his vicinity. How can so evil a man be plausible? How can he win the confidence of so apparently noble a man as Othello? And more important, what is his motivation? Why should any man hurt others so much? Is he simply a dramatic mechanism? A symbol of the devil? The devil himself? Or is he in fact a good man who has been provoked to revenge by wrongs done him? Was he unfairly denied promotion by Othello? Cuckolded by him? By Cassio? Finally, how can a character who does so much wrong involve audiences so deeply in his fate?[459]

The controversy has produced many different views and, rereading them, one could get the impression that Iago has become a real person with real traits of character and that he is responsible for what he has "done", and some critics withdraw more and more from the original text. Therefore any consideration of Iago's or any other character refers to his "character" as a stage personage in Shakespeare's *Othello*.

After seeing the bulk of literature written on the character of Iago, one tends to agree with Adamson:

So many critics over the years have made so much sense (not to mention nonsense) of Iago that one naturally hesitates to dig over the plot again.[460]

Criticism on *Othello* is very diverse. Following are a few examples of the manifold interpretations of Iago's character.

It was Samuel Coleridge who coined a famous phrase ("motiveless malignity") when talking of Iago's soliloquy at the end of Act I:

---

[459] Rosenberg, Marvin. The Masks of Othello: The Search for the Identity of Othello, Iago, and Desdemona by Three Centuries of Actors and Critics. Berkeley: University of California Press. 1961, p.7. Rosenberg offers a convenient summary of some of the main views of Iago's motivation and function as a character in Othello. (p.166-7) For a more comprehensive overview see Hyman, Stanley E.: Iago: Some Approaches to the Illusion of His Motivation. New York: Atheneum. 1970
[460] Adamson, Jane. "Othello" as Tragedy: Some Problems of Judgment and Feeling. Cambridge. 1980, p. 64

> *The last speech, [...] shows the motive-hunting of motiveless malignity – how awful! [...] He is a being next to the devil, only <u>not</u> quite devil [...]*[461]

Is he perhaps simply the embodiment of absolute evil and hence needs no motives? Or, put another way, are the motives he gives mere rationalizations for the evil impulse within him? Is he in love with his own artistry, taking immense delight in his own ability to manipulate others, something that is sufficient satisfaction in itself?

Or is he a descendant of the Vice of the morality plays[462], not to mention Iago as Machiavel, who is lacking ethical or spiritual values?[463]

Or, as Babcock puts it, is he compensating the constant feeling of social inferiority by manipulating his superiors? Is he tired of being patronized by persons like Cassio, who is socially superior to him but "never set a squadron in the field"? (1.1.21)[464]

There has even been an argument about Iago being latent homosexual, which is summarized by Hyman (1970).

Rosenberg refutes all of those "proposed solutions of Iago's character". He develops the image of an "inner" Iago and an "outer" Iago, his inner life as revealed by his soliloquies.[465]

In this paper the interactions between Iago and Othello and between Iago and Desdemona shall be considered thoroughly focusing mainly on Othello in the seduction scene and Desdemona chiefly in scene 2.1.

First, attention will be drawn to the temptation scene in which Iago participates actively. His manifold techniques of infiltration will be revealed and analyzed.

Furthermore, not only his tactics of deception contribute to his success, but also his "attaching the issue of honesty to himself".[466] He creates an 'outer' Iago for

---

461 Coleridge, S.T. "Marginalia on Othello". In: Wain, John (ed.). Shakespeare: Othello. A Casebook. London & Basingstoke. 1971, p. 51-2
462 cf. Watson, Thomas L. "The Detractor-Backbiter: Iago and the Tradition". Texas Studies in Literature & Language. 5:546-554. Austin, TX. 1964
cf. Scragg, Leah. "Iago-Vice or Devil?". Shakespeare Survey: An Annual Survey of Shakespearian Study & Production. 21: 53-65. Oxford.1968
463 cf. Hyman, 1970, ch. 5
464 cf. Babcock, W. "Iago – An Extraordinary Honest Man". Shakespeare Quarterly, 16:297-301. Washington, D.C. 1965
465 cf. Rosenberg, 1961, p. 172
466 Heilman, Robert B. Magic in the Web: Action and Language in Othello. Originally published in 1956, Lexington. Reprinted in Westport.1977, p.46

the other characters to see, concealing both his malevolence and his virtuosity in deception. Nobody is to know how shrewd he really is, for he adds the dimension of the 'blunt soldier' to his outer character, which will be discussed later.

The temptation scene – Iago's techniques of infiltration

Othello is often referred to as a well-balanced character ("This the nature/ Whom passion could not shake? whose solid virtue/ The shot of accident nor dart of chance/ Could neither graze nor pierce?", 4.1.265-8)[467], even Desdemona tells Emilia her husband is not jealous (3.4.29-31). This contributes to the difficulty Iago has in convincing Othello of Desdemona's adultery. To tell him plainly would not be possible, he would not be believed, especially since "the fair Desdemona" has an excellent reputation.

Stoll considers this part of the plot to be unconvincing:

An honest man who undertakes to tell you that your wife and your dearest friend have played you false makes a clean breast of it, without flourish or ado. He does not twist and turn, tease and tantalize, furtively cast forth the slime of slander and ostentatiously lick it up again [...] Shakespeare, in his neglect of plausibility, would have us labour under the delusion that the manners of honesty and dishonesty are almost one and the same.[468]

With regard to Stoll's view, one has to take into account that this scene is a well-composed part of art, before the actual intrigue, inventing Cassio's dream, stealing the handkerchief etc., there is a lot of "work" for Iago to do, namely persuasion containing at least 5 different subtle tactics that can be observed, such as pretending reluctance, negation, echoing Othello, suggestions, referring to Othello's otherness and the use of signal words like "think", "yet", etc. There is a slight boundary between negation and suggestion, which appear very often in combination.

These "tricks" Iago uses in order to make Othello believe he (Othello) had realised the betrayal himself.

---

467 All references to Shakespeare's plays Othello to the Arden edition, ed. by E. A. J. Honigmann, Surrey. 1997
468 Stoll, E.E. Othello, 1915, p.21-3, quoted in Muir, Kenneth. Shakespeare's Tragic Sequence, Liverpool.1972, p.99

Prepared like this, the handkerchief, the overhearing of Cassio and the invention of Cassio's dream seem like proofs to the already infected Othello.

The lighter the supposed "proofs" are, the more harm they would do. Iago knows this ("Trifles light as air/ Are to the jealous confirmations strong/ As proofs of holy writ", 3.3.325ff) and takes advantage of it.

He keeps insinuating very slightly, forces Othello to ask him for his opinion, evoking the impression that he withholds information from him. Behaving like that, he bolsters his own credibility, for a liar is not expected to tell his lies reluctantly. It is an exertion for Othello to make Iago talk, and this gives his words more weight.

But this is only one aspect of Iago's tactics. Another point is the negation, which he uses very often, in order to give Othello the idea of things he had not even dreamt of before. Instead of saying things plainly, which could be unmasked as defamation, he negates them and a suspicion, no matter if uttered negatively or positively, once mentioned, sticks to a person's mind.

An example of this can be seen in 3.3.167-8: "O beware, my lord, of jealousy!/ It is the green-eyed monster, [...]".

Without mentioning anymore, Othello seems to have images coming to his mind, and at once divines the consequences of a not yet proved committed adultery ("O misery!", 3.3.173).

This very same pattern – negation – Iago uses before in l. 37-9, when he says: "Cassio, my lord? no, sure, I cannot think it/ That he would steal away so guilty-like/ Seeing you coming."

Once more, pretending honesty and goodwill, Iago persuades others to accept his version of an event. First, all this appears to have not the slightest effect on Othello, for as Desdemona goes out he muses on his love. Iago has to begin again, his manner strongly suggestive of some 'harm' beyond the mere 'satisfaction of my thought'.

This suggestive behaviour Iago shows very often, mentioning things that do not directly fit into the context, he guides Othello's thoughts into the direction he wants.

For example in 3.3.129/130: first, he confirms that Cassio is honest, then starts to philosophize about honesty (of course without referring to Cassio directly):

"Men should be what they seem, / Or those that be not, would they might seem none." The audience understands the irony in these words, for he refers to himself, but Othello is already suspecting that Cassio could be not what he seems to be.

Iago takes the next run to persuade Othello when they are alone, as it his habit, he tries to isolate him from other persons, to play his tricks upon him.

Again he insinuates and Othello has to ask him ("Why dost thou ask?", 3.3.96). Running the risk to annoy him, he keeps repeating Othello's words: "Indeed?" (3.3.101); "Honest, my lord?" (3.3.104); "Think, my lord?" (3.3.108).

> His deliberately needling repetition quickly gives Othello the idea that he is hiding something. Bearing in mind the brawl scene, the audience should understand immediately Othello's disquiet. The brawl scene is most noteworthy for the way Shakespeare shows Iago's manipulation of people: even before the actual brawl, the audience sees him at work on Montano, winning him in advance to belief in Cassio's "ingraft infirmity" (2.3.136), so that it is Montano who in the end appears to have to persuade Iago that he is "no soldier" (2.3.216) if he does not tell the truth.

He refuses to answer the question "Is he not honest?" (3.3.103), but eventually, he gains his end, even though there is a slight doubt in Othello's answer when Iago says: "My lord, you know I love you." Othello: "I think thou dost." (3.3.120) As mentioned before, this could be read as a slight doubt of Iago's love, or as a sign of assimilation, Othello adopts Iago's manner of speaking.[469]

Still Othello is not convinced, he talks of proofs (3.3.193-4) which Iago can't supply, so he tries to convince him by reminding him of his otherness. Turning the fact to account that Othello is not familiar with the Venetian customs, Iago is certain to be trusted. Othello's difference of race makes him particularly vulnerable: "Dost thou say so?" (3.3.208) and Iago is successful: "I see this hath a little dashed your spirits" (3.3.218). Every time Othello wants to trust Desdemona, he is rattled by Iago again. "Long live she so; and long live you think so." (3.3.230) This is meant to strike Othello: every time Iago used the word "think" before, it meant that he did not think so. "[...] I think, that he is honest" (3.3.128); "Why then I think Cassio's an honest man." (3.3.132) etc. "Think" has become a signal word for Othello, like "yet", which can be seen for example in l. 435-6 of the same act and scene: "Nay, yet be wise, yet we see nothing done,/ She may be honest yet.", or in l. 453: "Yet be content!" The word

---

[469] For a more linguistical approach to Iag's seduction techniques, not only concerning Othello, see Palmer, Kenneth. "Iago's Questionable Shapes". In: Mahon, John W.; Pendleton, Thomas A. (eds.) Fanned and Winnowed Opinions. Shakespearean Essays Presented to Harold Jenkins. London: Methuen. 1987, 184-201.

"yet" implies that up to now Othello needn't be worried, but foreshadows that his world-order will soon be rattled.

After one last "stroke" by referring to his difference in race (3.3.232-242) Othello finally falls: "Set on thy wife to observe." (3.3.244)

"Honest" in *Othello*

According to Empson, the word "honest" or "honesty" appears 52 times in the text, and the modern reader feels an irony in it, understanding "honest" with a meaning of not-lying, being considered trustworthy and so forth (see below, *OED*, meaning 3.c.).[470] He calls it "a very queer business" that Shakespeare should seem almost obsessed in *Othello* with the word's many shades of meaning. There was often something a little patronising in its use, it carried "an obscure social insult as well as a hint of stupidity".[471]

The *OED*[472] offers the following meanings (among others) of the word honest:

> 1.a. *Of persons:* Held in honour; holding an honourable position; respectable.
> c. As a vague epithet of appreciation or praise, esp. as used in a patronizing way to an inferior.
> 3. *Of persons:* Having honourable motives or principles; marked by uprightness or probity.
> a. In early use in a wide sense: Of good moral character; virtuous, upright, well-disposed.
> c. That deals fairly and uprightly in speech and act; sincere, truthful, candid; that will not lie, cheat or steal. (The prevailing modern sense, the 'honest' man being the 'good citizen', the law-abiding man, as opposed to the rogue, thief, or enemy of society.)

For example Othello uses "honest" with a different connotation than Desdemona or Cassio (*OED*, 3.a. and c.), and Iago understands it differently, for him the word is even a kind of insult (*OED*, 1.c.). This can be seen in 2.3.347, when Iago mocks Cassio, calling him "this honest fool".

He considers honesty to be a signal of stupidity, perhaps because a person intelligent enough to play tricks on others doesn't have to be honest.

When Iago says Othello "thinks men honest", he means Othello thinks them both trustworthy and truthful (*OED*, 3.a. and c.). This suggests a quality in

---

470 Empson, William. The Structure of Complex Words. London. 1952
471 Empson, 1952, p. 218
472 The Oxford English Dictionary, ed. James A.H. Murray and others, 13 vols (1933, repr. 1977)

Othello himself which is very much like another sort of honesty pinpointed by Empson: '... "honest Tom at the fair "is going to be cheated"[473] to be honest in this way meant to be 'simple', 'easily deceived'.

Ambiguity of a different sort comes into Iago's "As honest as I am" (2.1.201): partly there is patronizing sense, for Iago means 'Slightly looked down on as I am'; partly he means again trustworthy, and is referring sarcastically to his supposed faithfulness.

He states that in 3.3.385-6: "I should be wise, for honesty's a fool / And loses that it works for."

Back to the question whether Iago had a motive or not, this contributes to the view that there is more to Iago than "motiveless malignity", the mere "stage villain" or the "Vice".

Like all the other characters in the play, he is human, in addition to that an extraordinary intelligent person (visible in his manipulative and skills of improvisation) suffering from his own social inferiority.

He compensates his social inferiority towards Roderigo, who is inferior to him in terms of intelligence by ordering him around or abusing him.[474]

"In him we see a human being, shrewdly intelligent, suffering from and striking against a constant fear of social snobbery."[475]

Deep inside he knows that other persons are moral superior to him, and he admits that only in his last soliloquy: "If Cassio do remain/ He hath a daily beauty in his life/ That makes me ugly [...]" (5.1.18-20)

Summarizing these arguments one can say that the two most conspicuous meanings of the word 'honest' to be distinguished in the play are the following:

a) not lying, not stealing, being trustworthy and faithful (*OED*, 3.a./ c.)

b) being nothing else than honest, a patronising appellation for a person inferior in social rank (*OED*, 1.c.)

The meaning of a) is represented in Othello and the meaning of b) is likely to relate to Iago, and as these two meanings tend to contradict each other so are Othello and Iago two counterparts in the play.[476]

---

[473] Empson, 1952, p.210
[474] For the discussion of Roderigo being higher in social rank than Iago, see Babcock 1965, p.298/299
[475] Babcock, 1965, p.301

How does Iago work? Iago's power to manipulate people comes from his insight, not only in their weaknesses, but also in their good qualities, such as Othello's honesty.

As for Othello being honest (*OED* 3.), he also expects others to be honest.

By manipulating Othello, Iago makes good use of his knowledge of the man. One of Othello's weaknesses is a part of his essential goodness and his credulity, but to Iago this is useful. When he first plans to "abuse Othello's ear", he muses: "The Moor is of a free and open nature/ That thinks men honest that but seem to be so,/ And will tenderly be led by th'nose/ As asses are." (1.3-397-8)

> *Iago through his own falsity (which seems always the opposite) has brought Othello to see Desdemona's honesty as falsity.*
> *The ironic use of the word 'honest' in Othello can be compared to the use of 'honourable' in Julius Caesar. During the four sections of Antony's funeral oration after Caesar's assassination (JC,3.2) Antony calls Brutus and the other 'traitors' 'honourable men'. From l. 78 to l. 100 he uses this expression 4 times, the previous sentence containing 'evidence' against this 'honour'. In contrast to Othello's use of 'honest Iago' Antony knows about the ironic effect, and uses it as a rhethoric device.*
> *Like Iago in the temptation scene, Antony pretends to refuse to speak, which nevertheless tells everything: "I should do Brutus wrong, and Cassius wrong,/ Who (you all know) are honourable men. I will not do them wrong." (JC, 3.2.124-6); "Which, pardon me, I do not mean to read" (JC, 3.2.132); "I have o'ershot myself to tell you of it./ I fear I wrong the honourable men [...]" (JC, 3.2.151-2).*

"Honest Iago" – his simulation of virtues as a part of his deception

As I have pointed out in the previous chapter, Iago uses (actively) tactics to deceive people. These certainly contribute to his success in doing so, but there is another aspect to be taken into consideration: he 'creates' his own reputation, by suggesting that he is 'honest'.

He does so by implying his honesty everywhere he can: "I lack iniquity/Sometimes to do me service" (1.2.3); "That with the little godliness I have [...]" (1.2.9); "I protest, in the sincerity of love and honest kindness" (2.3.323).

---

476 Chand attempts two show that there are two different world-views embodied in the two male protagonists Iago and Othello, formerly presented in the single protagonist Hamlet.
Chand, Sarvar V. Sherry. "Hamlet-Iago-Edmund". Hamlet Studies: An International Journal of Research on the Tragedie of Hamlet, Prince of Denmarke. 14(1-2):74-79. New Delhi, India.1992

To apply Heilman, Iago "has succeeded [...] in attaching the issue of honesty to himself, quite in the manner of a modern politician identifying himself [...]"[477]
He knows that reputation is much more important than what one is really like. Talking to Cassio in 2.3.264-5 he calls it *"an idle and most false imposition"*, which is in that situation mere histrionism, and when he pretends to be loyal towards Cassio in 3.3.158, he names it the *"immediate jewel of their souls"*. The irony in his second description of a *"good name"* is that it is indeed Iago's most precious possession without which his plan would not work, and that it is the starting point of Othello's fall.

'Seeming' is more important than *'being'*, Iago makes this clear very early in the play: *"I am not what I am" (1.1.64)*. In the seduction scene Iago uses *'seem'* and *'seeming'* frequently, the dramatic irony is again that Othello does not see that Iago is the one who is not what he seems: *"And when she seemed to shake [...]" (3.3.210); "She that so young could give out such a seeming" (3.3.211); "Men should be what they seem" (3.3.129)*. Heilman even evokes the image of Iago as a *'magician'*: *"Iago's hand is regularly quicker than Othello's eye; he waves a magic wand, and Othello sees what he is told to see."*[478]

Iago – The bluff soldier

What is added to the mere honesty is the aspect of Iago as a blunt soldier. Iago's manipulation succeeds precisely because this provides the perfect mask of an ordinary honest soldier whose chief fault indeed seems to be too much plain-speaking.

Therefore he does some fooling in the quay-side-scene (2.1.).

Sproat points out that "almost everyone still hates the interchange between Desdemona and Iago" in this scene and quotes Ridley who calls it "'cheap backchat ... one of the most unsatisfactory passages in Shakespeare'"[479]. I agree with Sproat's opinion, that it "is a necessary and well-fitted part of Shakespeare's most tightly constructed tragedy, one that moves the action, deepens the characters, and increases our suspense."

Desdemona forces Iago to "praise" her, a thing he admits not to be good at: "do not put me to't, / For I am nothing if not critical." Indeed, she doesn't appreciate his jokes, saying "These are old fond paradoxes to make fools laugh [...]" (2.1.138-9); "O, most lame and impotent conclusion!" (2.1.161); Cassio telling Desdemona that Iago "speaks home" (2.1.165-6) shows that his behaviour has exactly the effect he intended so this passage is not at all an unsatisfactory passage, it makes another part of Iago's detracting visible for the audience,

---

477 Heilman, 1956, p.46
478 Heilman, 1956, p.51
479 Sproat, Kezia Vanmeter. "Rereading Othello, II, 1". Kenyon Review, 7(3):44-51. Syra.1985

Zender even sees this scene as an illumination of Iago's motivation, he points out that there is an increase of Iago's hatred of Desdemona.

> *Beginning with nearly entire inattention to Desdemona in his first soliloquy, moving next to desire to be "even'd with [Othello], wife for wife" (II.i.299) – that is to sleep with Desdemona as he imagines Othello has slept with Emilia – Iago moves finally to desire for Desdemona's death, or, more precisely, for a specific kind and location of death: "Do it not with poison; strangle her in her bed, even the bed she hath contaminated" (IV.i.207-208)*[480]

Not only the use of the phrase "honest Iago" but also the fact that Desdemona calls Cassios attention to Iago's weaknesses must be understood as an social insult by him: "How say you Cassio, is he not a most profane and liberal counsellor?" (2.1.163-4). In addition to that, Cassio kisses Emilia and pays his addresses to Desdemona emphasizing that he is a well-bred person, accustomed to good manners.

> *"Let it not gall your patience, good Iago,/ that I extend my manners; 'tis my breeding/ That gives me this bold show of courtesy." (2.1.97-8)*

This contributes to his hatred of Cassio, one can see this when he refers to this conversation later in soliloquy:

> *"I will gyve thee in thine own courtesies [...] Very good, well kissed,/ and excellent courtesy [...]" (2.1.169-175)*[481]

Nevertheless Iago has a reputation for being outspoken and makes good use of it here, but his outspokenness is mainly pretence. Again, one can find the same pattern in *Julius Caesar*, Antony also pretends to be blunt and honest, hiding his faculty: "I am no orator, as Brutus is,/ But, as you know me all, a plain blunt man [...]" (*JC*, 3.2.210-1). Iago is also successful in deception by relying upon his reputation for being honest and plain-spoken and therefore can't feel insulted for a pretended stupidity.

---

480 Zender, Karl F. "The Humiliation of Iago". Studies in English Literature 1500-1900, 34(2):323-39. Houston, TX.1994, p.323
481 For further discussion of the topic see Honigmann, E. A. J. Shakespeare: Seven Tragedies. The Dramatist's Manipulation of Response. London and Basingstoke: Macmillan Press.1976, p.82-4

Conclusion

The fascination of Shakespeare's Iago is reflected in the many different views he has evoked. Very much has been said and in future will be said about his motivation and his interactions with other characters.

All the different explanations for his motivation add important dimensions to Iago's personality, but there is much more to him than that. He is an ambiguous and subtle character and to regard Iago as a mere Vice, a Machiavel or the devil would be to under-rate very seriously Shakespeare's artistry in showing the subtlety of Iago's machinations within a tragic pattern which is very complex indeed.

Part two has shown that the secret of Iago's success is that he makes it seem that Othello's honest (faithful, reliable) ancient is at first too honest (faithful to his 'friend', Cassio) to be honest (tell the truth) about what is in his mind.

After Iago has come to speak more 'frankly', it appears to Othello that now Iago has let loyalty to him outweigh loyalty to Cassio; further, it seems to him that since this faithful and reliable creature has had to be so urged to speak out, what he says must be true. *Othello* is consequently not only a tragedy of love but also about the interpenetrance of betrayal, credulity and jealousy.

The discussion of Iago's artistry in seduction leads automatically to further examination of Othello's character, but there is much more to Iago than a piece of dramatic machinery that draws to the surface certain qualities in Othello which make for his downfall[482], it should not be the question 'whose play' it is.

Furthermore would it be interesting to work on a comparison of the wife – husband relationships between Iago and Emilia or Othello and Desdemona or the interplay of Desdemona and Cassio, etc. The play has provided, still provides and will provide in the future a vast number of topics to talk, write and think about, which would be beyond of the scope of this paper.

---

[482] cf. Leavis, F. R. "The Diabolic Intellect and the Noble Hero", In: John Wain (ed.) Othello-A Casebook. London: Macmillan.1977

Bibliography

Adamson, Jane. "Othello" as tragedy: some problems of judgment and feeling. Cambridge, 1980

Babcock, W. "Iago – An Extraordinary Honest Man". Shakespeare Quarterly, 16:297-301. 1965. Washington, DC.

Chand, Sarvar V. Sherry. "Hamlet-Iago-Edmund". Hamlet Studies: an International Journal of Research on the Tragedie of Hamlet, Prince of Denmarke. 14(1-2): 74-79. 1992. New Delhi, India

Coleridge, S. T. "Marginalia on Othello". In: Wain, John (ed.). Shakespeare: Othello. A Casebook. 1971. London & Basingstoke. 51-52.

Empson, William. The Structure of Complex Words. London, 1952

Honigmann, E. A. J. Shakespeare: Seven Tragedies. The Dramatist's Manipulation of Response. London and Basingstoke: Macmillan Press, 1976

Hyman, Stanley E. Iago: Some Approaches to the Illusion of His Motivation. New York: Atheneum. 1970

Leavis, F. R. "Diabolic Intellect and the Noble Hero", In: Wain, John (ed.) Shakespeare: Othello. A Casebook. 1971. London & Basingstoke

Muir, Kenneth. Shakespeare's Tragic Sequence. Liverpool, 1972

Palmer, Kenneth. "Iago's Questionable Shapes". In: Mahon, John W.; Pendleton, Thomas A. (eds.). Fanned and Winnowed Opinions. Shakespearean Essays Presented to Harold Jenkins. London:Methuen. 184-201. 1987

Rosenberg, Marvin. The Masks of Othello: The Search for the Identity of Othello, Iago, and Desdemona by Three Centuries of Actors and Critics. Berkeley: University of California Press, 1971

Scragg, Leah. "Iago-Vice or Devil?". Shakespeare Survey: An Annual Survey of Shakespearian Study & Production. 21:53-65. 1968. Oxford

Sproat, Kezia Vanmeter. "Rereading Othello, II, 1". Kenyon Review, 7(3):44-51. 1985. Syracuse, NY

Stempel, Daniel. "The Silence of Iago". PMLA (Publications of the Modern Language Association of America). 84:252-63. 1969. New York

Watson, Thomas L. "The Detractor-Backbiter: Iago and the Tradition". Texas Studies in Literature & Language. 5:546-554. 1964. Austin, TX

Zender, Karl F. "The Humiliation of Iago". Studies in English Literature 1500-1900, 34(2):323-39. 1994, Houston, TX

Einzelbände:

- Christian Schwab. Shakespeare's Historical Background and the World Picture of the Elizabethan Age. ISBN: 978-3-638-66897-2.

- Charlotte Seeger. Zum Verhältnis tragischer und komischer Aspekte in William Shakespeares „Romeo and Juliet". ISBN: 978-3-640-90677-2.

- Sema Kara. Love Concepts in William Shakespeare's "A Midsummer Night's Dream". ISBN: 978-3-656-36918-9.

- Ralf Käcks. William Shakespeare Macbeth – Historische Fakten und Hintergründe. ISBN: 978-3-656-05978-3.

- Markus Bulgrin. Determined to prove a villain: Zur Charakterisierung der Hauptfigur in Shakespeares Historie "Richard III". ISBN: 978-3-638-76989-1.

- Ulrike Wronski. Zur Funktion des Märchenhaften und seiner Entzauberung in Shakespeares Drama "The Merchant of Venice". ISBN: 978-3-638-79469-5.

- Habib Tekin. King Lear - Sympathielenkung und Schuldfrage in Shakespeares King Lear. ISBN: 978-3-656-08443-3.

- Eva-Christina Glaser. "The Time is out of Joint" - Neues Weltbild, neues Selbstbild in William Shakespeares Hamlet. ISBN: 978-3-640-11570-9.

- Pia Witzel. Multiple Iago - The Character and Motives of Iago in Shakespeare's Othello. ISBN: 978-3-640-15749-5.